Du bereitest vor mir einen Tisch voller Appetitanreger für die Seele

Psalm 23 in kleinen Portionen

Bibliografische Information der Deutschen Bibliothek

Die Deutsche Bibliothek verzeichnet diese Publikation
in der Deutschen Nationalbibliografie; detaillierte bibliografische
Daten sind im Internet über http://dnb.ddb.de abrufbar.

Joh. Heider Verlag GmbH, Bergisch Gladbach, 2020
Gesamtherstellung: Heider Druck GmbH, Bergisch Gladbach
ISBN 978-3-947779-17-8

RAINER FISCHER

Du bereitest vor mir einen Tisch voller Appetitanreger für die Seele

Psalm 23 in kleinen Portionen

Heider Verlag Bergisch Gladbach

Für
meine Tochter
Anne Kathrin

Das Große und Ganze eines poetischen Textes wie Psalm 23 erschließt sich immer nur in Bruchstücken. In der Hoffnung, dass sie als Appetit-Anreger für die Seele aufgenommen werden, habe ich aufgeschrieben, was ich an Gedanken-Happen zu Psalm 23 kosten durfte - als Psalmenliebhaber, Gemeindepastor, Hospizbegleiter und Seelsorger in Krankenhaus, Psychiatrie und Senioreneinrichtungen: Ausprobiert und angelesen, abgeschaut von Begegnungen, aufgezeichnet aus Gesprächen, angeregt von Überlegungen zur Textauslegung und Predigtpraxis. Ohne Anspruch auf Vollständigkeit oder Vollkommenheit. Am besten in kleinen Portionen zu genießen, um dabei auf den Geschmack zu kommen – den Geschmack von Lebensfülle und Zufriedenheit, Mut und Trost, Geborgenheit und Neugier.

Inhalt

Mein Klassenlehrer hätte mir Psalm 23 fast verleidet

Als Konfirmand musste ich Psalm 23 auswendig lernen. Ich habe es gehasst. Nicht das Auswendiglernen. Sondern das, was ich mir einprägen sollte: Gott als guter Hirte. Diese Worte malten mir ein Bild vor Augen, das ich beim Blättern in einer altertümlichen Familienbibel gesehen hatte: Ein Hirte, der ein Schaf auf seinen Schultern trägt, umgeben von einer sich anschmiegenden Herde und seinem treuen Hütehund vor einer romantischen Heidekulisse mit untergehender Sonne.

Als Jugendlicher auf der Suche nach Selbständigkeit nahm ich nicht die Fürsorge des Hirten wahr, sondern die hilflose Angewiesenheit des Schafes. Warum sollte ich wie ein Schaf sein wollen? Dazu fiel mir sofort ein Satz meines Klassenlehrers ein. Ihm war wichtig, dass seine Schüler lernten, selbst zu denken, Zusammenhänge zu erkennen und über den jeweiligen Moment hinaus Perspektiven zu entwickeln. „Seid keine blöden Schafe", schärfte er uns ein, „die immer nur bis zum nächsten Grasbüschel denken!"

Umgangssprachlich versehen wir das Schaf mit Eigenschaften wie „dumm", „blöd" oder „brav". Vor uns sehen wir ein Tier, das scheinbar willen- und gedankenlos immer mit der Herde trottet; selbst zur Schur und zur Schlachtbank folgt es ohne Widerstand. Kein ansprechendes Vorbild, zumal in einer zwiespältigen Zeit, in der wir uns mehr und mehr dem Herdentrieb der Trends und Medienmeinungen anpassen und zugleich immer stärker danach sehnen, uns als Einzelne aus der Masse herauszuheben.

Schafe haben ein dickes Fell, das sie in rauem Klima überleben lässt, aber auch anfällig macht für Parasiten und das sich leicht in Gestrüpp und Dornen verfängt. Schafe sind gesellig, können aber auch unerbittlich schwächere Herdentiere von einer guten Futterstelle wegstoßen. Schafe sind lernfähig, reagieren aber auf alles Ungewohnte panisch. Kurz: Ihre größte Stärke ist ihre größte Schwäche, ihre Sozialität kann der Gier zum Opfer fallen, ihre Angst lähmt die Entfaltung ihrer Fähigkeiten.

Schafe sind also „komplexe Charaktere“, wie mir einmal ein Hobby-Schäfer sagte. Allein können sie den Gefahren in der Welt nicht trotzen. Deshalb suchen Schafe Gemeinschaft und nehmen Fürsorge an: Sie bilden starke Bindungen in der Herde aus und folgen dem Hirten. Vielleicht würdigen wir unbewusst im Bild vom „dummen“ Schaf herab, was wir als Anteil unseres Selbst nicht gerne ansehen: Wir sind nie so eigenständig, dass wir alles allein schaffen. Wir sind darauf angewiesen, einander zu unterstützen und zu ergänzen. Wir sind nie so souverän, dass wir uns immer selbst zurechtfinden. Wir sind gut beraten, uns hin und wieder anleiten und manchmal auch korrigieren zu lassen.

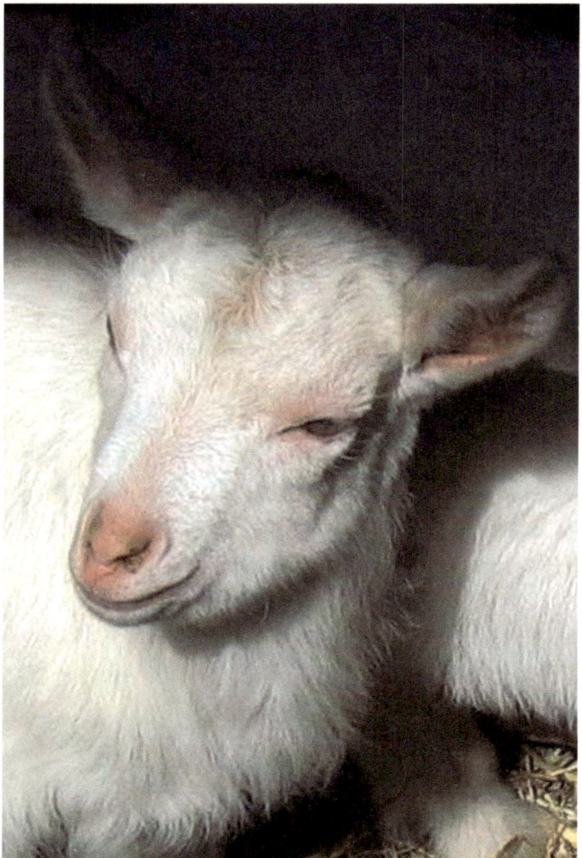

Schafe sind die verkannten Genies auf der Weide
Deutschlandfunk: Forschung aktuell (25.02.2011)

They're Intelligent, Emotional, and Unique
Psychology Today (12.05.2019)

„Shaun das Schaf“ unter den Frommen

Das Image vom „dummen“ Schaf hat sich verändert durch „Shaun das Schaf“, seit 2007 Held einer eigenen Fernsehserie: Die Herde setzt keine hohen Maßstäbe und macht es ihm leicht, sich mit pfiffigen Ideen abzuheben. Der Beter von Psalm 23 ist gewissermaßen „Shaun das Schaf“ unter den Gottesfürchtigen seiner Zeit. Denn er wagt, das vertraute Bildwort vom Schaf individuell abzuwandeln.

Man sprach vom König als Hirt des Volkes oder von Gott als Hirt der Gemeinde[1]. Aber bisher hatte niemand dieses Bild individualisiert und auf sich persönlich bezogen. Doch nun redet der Psalmbeter selbstbewusst von seinem Glauben und sagt ICH statt WIR: „Der Herr ist *mein* Hirte.“ Sein Selbstbewusstsein machte mir in meiner Suche nach Selbständigkeit den Vergleich mit einem Schaf wieder sympathischer.

So naiv-vertrauensselig der Beginn von Psalm 23 wirkt – er ist doch Ausdruck einer Reife des Glaubens. Die Sprachfähigkeit des Glaubens entwickelt sich in der Regel vom WIR zum ICH: An der „Gemeinschaft des Glaubens“ entzündet sich der „Glaube des Einzelnen“[2]. Gelernte Glaubenslehren und geprägte Glaubensformeln können nur dann Gottvertrauen wecken und tragen, wenn sie als persönliche Ausdrucksformen und Erfahrungsbeschreibungen verinnerlicht werden. Wie Psalm 23 zeigt.

PSALM 23
in der Übersetzung der Luther-Bibel (2017)

Ein Psalm Davids.

1 Der HERR ist mein Hirte,
mir wird nichts mangeln.

2 Er weidet mich auf einer grünen Aue
und führet mich zum frischen Wasser.

3 Er erquicket meine Seele.
Er führet mich auf rechter Straße
um seines Namens willen.

4 Und ob ich schon wanderte im finstern Tal,
fürchte ich kein Unglück;
denn du bist bei mir,
dein Stecken und Stab trösten mich.

5 Du bereitest vor mir einen Tisch
im Angesicht meiner Feinde.
Du salbest mein Haupt mit Öl
und schenkest mir voll ein.

6 Gutes und Barmherzigkeit werden mir folgen
mein Leben lang,
und ich werde bleiben im Hause des HERRN
immerdar.

VERS 1:

Ein Psalm
von / für / im Sinne von / im Stil von David:
Gott ist mein Hirte,
mir mangelt nichts.

König David

Glasfenster (1950er Jahre)
Liebfrauenkirche, Trier

Seit wann trinken Schafe aus Bechern?

Es ist mir gleich gültig, wie der Anfang von Psalm 23 übersetzt wird. Der hebräische Text lässt offen, ob es ein „Psalm von David“ ist oder ein „Psalm für David“ (also ihm gewidmet) oder ein „Psalm im Sinne und im Stil von David“. Der Psalm spricht mich an, weil er kraftvolle Bilder enthält und tiefsinnige Weisheiten über Gott und den Menschen, das Leben und den Glauben. Vertrauenswürdig ist er für mich, weil ich Gottes Anrede und Zuspruch in ihm vernehme – und nicht, weil ihn eine berühmte Glaubensgestalt, König David, gedichtet haben könnte.

Einige Interpreten beharren auf König David als Verfasser, um dessen Herkunft und Erfahrung als Schafhirte durchgängig zum Verständnis des Psalms heranzuziehen. Die Aussagen des Psalms veranschaulichen sie mit Beispielen aus seinem Leben. Auf diese Weise lässt sich der Gedanke der göttlichen Fürsorge einheitlich entwickeln und eindrucksvoll bebildern. Hier wird dem Psalm aber ein Schema übergestülpt, das die dichterische Fülle seiner Komposition einengt.

Der Wechsel der Bilder fällt spätestens auf, wenn vom gedeckten Tisch und gefüllten Becher die Rede ist: Seit wann sitzen Schafe an Tischen und trinken aus Bechern? Um eine einheitliche Vorstellungswelt zu retten, schlagen manche Textausleger gedankliche Purzelbäume: Sie korrigieren den Text und lesen ohne Anhalt in den Handschriften „Wurfspieß“ statt „Tisch“ (Ludwig Koehler)[3] oder ziehen eine Parallele aus einem anderen Kulturkreis heran, in dem eine Hochebene mit Weideflächen auch „Tisch“ genannt wird (Phillip Keller) [4].

Ein bunter Bilderbogen

Mitten im Text die Bilder zu wechseln oder unpassende Bilder miteinander zu vermischen, gilt in unserer europäischen Literatur als Stilbruch, als unstimmig und unschön. Allenfalls wird die so genannte „Katachrese" (auch „Wippchen" genannt) eingesetzt, um eine komische Wirkung zu erzielen: *Der Zahn der Zeit, der schon so viele Tränen getrocknet hat, wird auch Gras über diese Wunde wachsen lassen.*

Die Poesie der Psalmen lebt aber gerade „von und in ihrer vielgestaltigen Bildsprache", dabei werden manchmal „Bildcollagen und Bildkaskaden spannungsreich nebeneinander gestellt oder miteinander verschmolzen"[5].

Das Bild vom Hirten wird in Psalm 23 nicht bis zum Schluss durchgehalten; vielmehr reiht sich Bild an Bild, ja es wird geradezu eine Fülle von Bildern ineinander geschoben und bis zum großartigen Finale aufgetürmt: Das Bild vom Hirten und Schaf geht über in das Bild vom Führer und Weggefährten in gefährlichem Gelände, dann ist vom Gastgeber und Gast die Rede (gemischt mit gottesdienstlicher Sprache) und zuletzt vom Zuhause bei Gott.

Die Beziehung zu Gott lässt sich eben nicht in einem Bild zusammenfassen. Dem „Reichtum der Weisheit und Erkenntnis Gottes" (Römer 11,33) entspricht die Fülle der Bilder, die in unterschiedlichen und vielfältigen Aspekten beschreiben, wer und wie Gott für uns ist.

Nicht jeder Bibelvers passt zu jeder Lebenslage

Der Psalm beginnt mit unbeschwertem Gottvertrauen: *„Der Herr ist mein Hirte, mir mangelt nichts."* Biblischer Glaube fängt nicht damit an, allgemeine Wahrheiten über Gott für richtig zu halten, sondern vertraut zuerst und vor allem darauf, dass Gott es gut mit mir meint.

Aber auch Menschen mit diesem grundsätzlichen Gottvertrauen erleben Situationen und Zeiten, in denen ihr Glaube erschüttert wird und sie ihr Leben als mangelhaft empfinden: Sie verlieren Menschen, die ihnen nahestehen, durchleben Trennungen, werden enttäuscht oder verletzt; sie verfehlen Lebensziele und verpassen Gelegenheiten; sie stürzen in Krisen und müssen Rückschläge hinnehmen oder kämpfen mit dem Gefühl, nicht wertgeschätzt zu werden; sie fühlen sich in ihrem sozialen Umfeld unverstanden oder von Ungerechtigkeit betroffen, stoßen auf Ablehnung, bleiben hinter ihren eigenen Erwartungen oder denen der anderen zurück; sie hadern mit Grenzen, die ihnen Krankheit oder Alter setzen.

In solchen Lebenslagen sprechen die ersten Worte von Psalm 23 selbst tiefgläubigen Menschen nicht immer aus der Seele. Nicht jedem liegt es nahe, sich mit einem glücklich weidenden, gut geschützten, rundum zufriedenen Schaf zu vergleichen.

Einen Ausweg scheint Luthers Übersetzung des Psalms zu bieten: *„Der Herr ist mein Hirte, mir wird nichts mangeln."* Er gebraucht nicht die Gegenwartsform, die eine aktuelle Erfahrung der Zufriedenheit ausdrückt.

Luther versetzt das Bekenntnis in die Zukunft und verwandelt es damit in einen Ausblick voller Zuversicht: Egal, wie das Leben im Moment empfunden wird – auf lange Sicht und gleichsam in der Gesamtbilanz wird sich erweisen, dass Gott dem Glaubenden alles gibt, was er braucht.

Halten wir aber mit dem hebräischen Text an der Gegenwart fest, so müssen wir zugeben: Es gibt Situationen, in denen wir unser Leben als mangelhaft empfinden und uns die ersten Worte des Palms nicht über die Lippen kommen. Nicht jeder Bibelvers passt immer und überall. Es steht allerdings auch nirgendwo geschrieben, dass ein Vertrauenssatz oder kluger Spruch, nur weil er in der Bibel steht, jeden Menschen in jeder Lebenslage ansprechen muss.

Der Gute Hirte

Mosaik (1990er Jahre)
Kloster Kykkos, Zypern

Bewertung: „Mangelhaft"?

„Mir mangelt nichts": Dieser Gebetsanfang kann in manchen Lebenslagen zum Widerspruch herausfordern. Dann stellt das Bekenntnis der Zufriedenheit einen Kontrast dar zum gegenwärtigen Erleben - und weckt damit im günstigsten Fall eine Sehnsucht: *So möchte ich das auch wieder sagen können. Ich hoffe und bete, dass sich mein mangelhaftes Leben wieder zum Guten wendet.*

Auf keinen Fall sollte aber mit diesem Psalmwort eine schwierige Lebenslage schöngeredet werden. Manchmal liegt dem Betenden ein Klagepsalm näher als ein Vertrauenspsalm, um sich den Lebensfrust von der Seele zu schreien und leidenschaftlich nach Gottes Hilfe zu rufen.

Manchmal kann - gerade in unserer Wohlstandsgesellschaft - der Beginn von Psalm 23 auch zum selbstkritischen Fragen herausfordern: Ist der Mangel, den wir im Leben an manchen Punkten empfinden, wirklich in der Situation begründet? Oder schafft unsere Begehrlichkeit erst die Defizite, die wir beklagen?

Wir hadern mit dem Schicksal (oder mit Gott), beneiden andere, die das haben, was wir uns ersehnen, und träumen davon, was alles sein könnte. In Seelsorgegesprächen begegnen mir hin und wieder Menschen, die sich vor Sehnsucht nach dem Außergewöhnlichen und Neuen verzehren. Die Klage darüber, was ihnen mangelt, verbraucht die Kraft und verstellt den Blick für Möglichkeiten, die ihnen das Gegebene bietet.

Habe ich alles, was ich brauche?

Woran kann ich Mangel oder Erfüllung im Leben messen? Das Leben als mangelhaft empfinden ist eine sehr persönliche und individuelle Einschätzung. Und doch von außen beeinflusst. „Mein Leben ist eine Fehlbesetzung“, sagte mir eine Patientin nach einem Suizidversuch. Sie hatte von ihren sehr strengen und überkritischen Eltern immer nur zu hören bekommen: „Das schaffst Du sowieso nicht, versuch es gar nicht erst!“ Wie schrecklich, wenn die Fähigkeiten eines Kindes abgewertet statt gefördert werden! Im Selbstwertgefühl ist es dann vom „mangelhaft“ zum „ungenügend“ nur noch ein kleiner Schritt.

Ein positives Gegenbild kommt mir in Erinnerung. Aus einem Gottesdienst für Menschen mit und ohne Behinderung, der mit Psalm 23 in leichter Sprache begann und von Jesus als dem "Guten Hirten" handelte. Ein Junge mit Down-Syndrom trug ein mit Wolle beklebtes Pappschaf nach vorne. Eigentlich sollte er es im Altarraum abstellen, aber er blieb stehen, drückte es fest an sich und schmiegte sein Gesicht an den Wollkopf. Er und das Schaf wurden eins.

In diesem Moment bestimmte nicht die Behinderung das „Ansehen“ des Jungen, sondern die innige Verbundenheit mit dem "Guten Hirten": *Gott ist gut zu mir wie ein Hirte zu seinem Schaf, mir fehlt nichts.* Bei ihm willkommen und wertgeschätzt, von ihm bejaht und behütet gab es nichts an der Person des Jungen zu bemängeln.

Jede und jeder kann nur für sich persönlich entscheiden, was das Leben lebenswert macht. Niemand darf die Person oder das Leben eines Anderen als mangelhaft bewerten. Und doch beginnt der Psalm mit einem Außenbezug, einer Anrufung Gottes. Gerade dadurch findet der Beter zu seinem individuellen ICH: *„Der Herr ist mein Hirte, mir mangelt nichts."*

Was mangelhaftes und was erfülltes Leben ist, lässt sich nicht in innerlich zurückgezogener Selbstbespiegelung entdecken, sondern nur im Kontakt zur Welt, in der Beziehung zu anderen Menschen – und im Gespräch mit Gott. Wer sich auf ihn verlässt – im wörtlichen Sinne eines Hinausgehens über sich selbst –, lässt sich auf einen lebenslangen Erkundungsprozess ein, in der Bibel Leitlinien und Maßstäbe eines gelingenden Lebens zu entdecken. Das „Wort Gottes" kann mir einen Eindruck und eine Ahnung davon vermitteln, was erfülltes Leben ist, wo Chancen einer gelungenen Lebensgestaltung liegen.

Ein Jugendlicher, der sich als Helfer in einer Konfirmandengruppe engagierte, fasste diesen Eindruck in die Worte: „Gott, der hat´s drauf!" Darum sei er der „beste Coach, der einen fürs Leben trainiert". Auch eine Möglichkeit, den Anfang von Psalm 23 in unsere Zeit und Sprache zu übersetzen ...

Brauche ich alles, was ich habe?

„Mir mangelt nichts“: Bei einem älteren Mann weckte dieser Satz Erinnerungen an sorglose Momente seiner Kindheit. Er erzählte, wie er nach Kriegsende als kleiner Junge unbekümmert in den Trümmern seiner zerbombten Heimatstadt spielte. „Wir hatten viel Freiheit, das gefiel mir. Zu essen gab es zwar nie genug, aber ich empfand den Hunger nicht so sehr - dank der Fürsorge meiner Mutter. Sie zauberte immer etwas Warmes auf den Tisch, wenn ich nach Hause kam.“

Rückblickend kam er erstaunlicherweise trotz der Notzeit zu dem Ergebnis: „Mir hat als Kind nichts gefehlt.“ Kritisch fügte er hinzu: „Wahrscheinlich, weil ich es nicht besser kannte. Je älter ich werde, desto häufiger erinnere ich mich an diese Zeit. Mehr und mehr wird mir bewusst, wie selbstverständlich wir alles nehmen, was wir heute haben. Und je mehr wir haben, desto undankbarer werden wir.“

Wie gut, wenn jemand sagen kann: Ich habe alles, was ich brauche. Hoffentlich rührt diese Zufriedenheit nicht nur daher, dass man keinen Vergleich hat und gar nicht wahrnimmt, was einem fehlt. Und hoffentlich ist es auch nicht nur das Privileg der Kinder, so unbeschwert auf das Leben zu blicken. Bei dem älteren Mann wurde die Erinnerung an die Kindheit zur kritischen Anfrage an das gegenwärtige Leben: Brauche ich eigentlich alles, was ich habe? Was ist wirklich wichtig?

Hin und wieder muss man die Richtung des Denkens ändern, um zu neuen Einsichten zu kommen. Um innerlich freier mit dem umzugehen, was man hat. Und zu entdecken, dass vieles, was uns unentbehrlich scheint, gar nicht lebensnotwendig ist. Auf einem Besinnungswochenende in Kloster Gnadenthal stöhnte ein Teilnehmer am ersten Abend: „Wie soll ich mich hier wohlfühlen, ohne Fernsehen und Handyempfang?“ Am Ende stellte er fest: Sein Schlaf war viel erholsamer als er es bisher kannte und seine Stimmung viel ausgeglichener.

Einer meiner Studienfreunde zeigte mir, dass man sogar noch weiter gehen kann. Er leistete sein kirchliches Praktikum nicht in einer normalen Ortsgemeinde ab, sondern bei der Heilsarmee in Hamburg. Von dort brachte er das Lebensmotto mit: „Was ich nicht habe, brauche ich auch nicht!“ Natürlich hat diese Einsicht ihre Grenzen. Sie kann helfen, sich an den eigenen Ressourcen zu orientieren und sich nicht in der Gier nach immer mehr zu verlieren. Sie darf aber nicht dazu führen, Mängel und Defizite als Lebensgewinn zu verschleiern.

Bei meinem Studienfreund irritierte mich, dass er dieses markige Motto auch in unserer Vorbereitung auf das theologische Examen anwandte. Fragte ich ihn, ob er dieses oder jenes empfohlene Lehrbuch schon durchgearbeitet habe, antwortete er: „Was ich nicht habe, brauche ich auch nicht.“ Ich war kleingläubiger als er und muss zugestehen: Er hat die Prüfungen genauso gut bestanden wie ich!

Zweierlei Zufriedenheit

„Mir mangelt nichts." Dieses Bekenntnis kann anregen, dankbarer wahrzunehmen, wie viel uns gegeben ist. Es gibt eine sich selbst genügende, übersättigte Zufriedenheit, die nichts verändern will, in Gleichgültigkeit erstarrt und die Not von Benachteiligten übersieht. Es gibt aber auch eine dankbare Zufriedenheit, die nichts selbstverständlich nimmt und Kräfte freisetzt: Gutes, das ihr widerfahren ist, wird zum Anreiz, selber Gutes zu tun. Und das, was zunächst als Mangel und Defizit erscheint, als Lebensbereich mit Entwicklungspotential wahrzunehmen.

Die dankbare Zufriedenheit ist für den Psalmbeter untrennbar mit seinem Gottvertrauen verbunden. Er ersehnt und erfährt Gott als eine heilsame Macht, die sein Leben mit Gutem segnet, ihm Geborgenheit und Rückhalt gibt, ihn zu lohnenden Zielen leitet und auf Wege zu einem gelingenden Leben weist. Er vertraut selbst in den Krisen des Lebens darauf, dass Gott ihn nicht zu kurz kommen lässt.

Können wir uns auf dieses Vertrauen einlassen? Haben wir die Zuversicht, dass Gott es gut mit uns meint und die Bedürfnisse unseres Lebens kennt? Können wir dankbar sagen: Ich habe alles, was ich brauche? Bringen wir unseren Besitz noch mit unseren Lebenszielen in Verbindung und fragen uns selbstkritisch: Brauche ich alles, was ich habe? Und orientieren wir uns dort, wo wir Mängel spüren, an Gottes guten Wegweisungen, so dass ein „Mehr" an Leben wünschenswert und erreichbar wird?

„Der Herr ist mein Hirte, mir mangelt nichts." Wer Gottvertrauen und Lebensqualität so miteinander verbindet, kann dankbarer, zufriedener, ausgeglichener und gelassener werden. Theologisch zugespitzt könnte man den Anfang des Psalms sogar übersetzen[6]: „Der Herr ist mein Hirte – was brauche ich mehr?"

Was kennzeichnet einen guten Hirten? Der Prophet Ezechiel macht es am Gegenteil deutlich. Er klagt über schlechte Hirten des Volkes - eine politische Kritik an den Königen Israels, in ihrer Bildhaftigkeit ebenso offensichtlich wie verschlüsselt. Er misst sie an den Aufgaben, die ein Hirte erfüllen sollte: Die Schwachen stärken, die Kranken heilen, die Verletzten verbinden, die Verirrten zurückholen, die Verlorenen suchen und die Gutgenährten behüten (nach Ezechiel 34,4+16).

Mit anderen Worten: Ein guter Hirte behandelt jedes Schaf nach seinen jeweiligen Bedürfnissen. Nicht allen mangelt ein und dasselbe. Der gute Hirte nimmt sich der individuellen Mängel an, so dass jedem zukommt, was er zum Leben notwendig braucht. *„Wie viel mehr ist ein Mensch als ein Schaf!"* (Matthäus 12,12). Und wie viele unterschiedliche Inhalte und jeweils eigene Lebensbezüge kann die persönliche Vertrauensäußerung meinen: *„Der Herr ist mein Hirte, mir mangelt nichts"*!

Meditation

„Ich habe alles, was ich brauche“ –
ich nehme das Gute wahr,
das mich umgibt und mir gegeben ist.

Ich darf auch den Schmerz über Fehlendes zulassen.

Ich erinnere mich an einen Moment meines Lebens,
in dem ich wunschlos glücklich war.
Ich verweile in dieser Erinnerung.

Ich kehre in das Jetzt zurück mit der kritischen Frage:
Brauche ich alles, was ich habe?

Hirtenszene als Sinnbild für Leben in Frieden
Wandfries (1679)
Wilanów-Palast, Warschau

Gebet

Du guter Hirte, wir danken Dir,
dass wir in unserem Land größtenteils haben,
was wir materiell zum Leben brauchen.
Damit wollen wir aber nicht schönreden,
dass es auch Erfahrungen von Mangel gibt:
Mangel an Wertschätzung und Ausgeglichenheit,
Mangel an sozialem Gewissen,
Mangel an Liebe, Hoffnung und Vertrauen.

Und wenn wir über unsere Grenzen schauen,
wird die Mängelliste länger:
In vielen Ländern mangelt es den Menschen
an Nahrung und Wasser, an Sicherheit und Stabilität.

Lass uns keine dummen Schafe sein,
die nur von Grasbüschel zu Grasbüschel denken.
Lass uns nicht aus dem Blick verlieren,
wie angewiesen wir aufeinander sind.
Lass uns füreinander Verantwortung übernehmen,
gemeinsam mangelhaftes Leben zu verbessern.
Du kennst die, die in Angst leben, zu kurz zu kommen,
deren Leben unglücklich ist, die keinen Trost mehr finden,
auch nicht bei Dir.

Du guter Hirte, lass uns die Spuren des Guten entdecken,
die Du in unserem Leben gelegt hast,
leite und begleite uns, tröste und stärke uns!

VERS 2:

**Auf grünen Wiesen lässt ER mich lagern.
Zu Wassern der Ruhe führt ER mich,
meine Lebenskraft bringt ER zurück.**

Mose

*Typologisches
Geburt-Christi-Fenster
(1507)
Kölner Dom*

In der Ruhe liegt die Kraft – aber wo liegen die Quellen der Ruhe?

Dem Schaf mangelt nichts, wenn es Gras und frisches Wasser hat, einen sicheren Lagerplatz und jemanden, der die Wege kennt, an denen all das zu finden ist. Auf der Weidewanderung braucht es Ruhezeiten, um neue Kraft zu sammeln. Die Wortbilder wecken angenehme Eindrücke der Natur in uns. Vor unserem inneren Auge tauchen Farben auf: das Grün des Grases und das Blau eines Baches. Dadurch werden in unserer Seele Empfindungen der Ruhe geweckt.

Wie die unterschiedlichen Farben auf den Menschen wirken, wurde in der Psychologie sehr genau erforscht. Grün beruhigt das Auge; es weckt das Bild blühender Natur und baut Stress ab: Wer aufatmen und entspannen will, fährt oder wandert „ins Grüne“. Eine hellgrüne Raumgestaltung in Krankenhäusern soll sogar – wissenschaftlichen Studien zufolge – den Heilungsprozess beschleunigen. Auch Blau entspannt: Wo sich das strahlende Blau des Himmels und das tiefdunkle Blau des Meeres oder eines Sees berühren, löst dieses Bild bei den meisten Menschen eine angenehme Empfindung aus: Urlaubsstimmung und Erholung pur.

Grün und Blau sind Grundfarben der Natur, man könnte also sagen: Gott hat die Welt in beruhigenden Farben geschaffen.[7] Wahrscheinlich fällt jeder und jedem ein Lieblingsort ein, der „Ruhe am Wasser“ vermittelt und dadurch in besonderer Weise die Seele berührt:

Wellness-Bad oder Segeltörn, Strandkorb am Meer oder Uferweg am Fluss, eine Bachwiese oder ein Badestrand am See, ein Brunnen in der Stadt oder die Badewanne zu Hause. Orte, an denen man den Rest der Welt für eine Weile vergessen und sich vollkommen entspannen kann. Manchmal kann schon die Erinnerung daran die Körperspannung lockern und den verkrampften Kopf auf andere Gedanken bringen.

Wer Orte der Ruhe nur noch im Urlaub suchte, würde sie auf Dauer überhaupt nicht mehr finden. Denn wir brauchen mitten im Alltag Atempausen der Seele, die unsere Lebenskraft zurückbringen. Die „Wasser der Stille" in Psalm 23 stehen für die Quellen unserer Kraft. Die Sehnsucht nach Kraftquellen ist groß. Vielleicht ist uns die Erfahrungswelt des Psalms ferner als den meisten Generationen vor uns: Die bäuerlich geprägte Kultur mit Schafherden und Hirten, Weidewechseln und der Suche nach sicheren Tränken ist uns fremd geworden. Aber das Lebensgefühl ist uns wahrscheinlich näher als manchen früheren Zeitaltern: Unterwegs zu sein mit der Sehnsucht, zur Ruhe zu kommen, ist uns vertraut.

Meditation

Gott hat die Welt in beruhigenden Farben geschaffen –
das Grün der Pflanzen und das Blau des Wassers.

Ich versetze mich innerlich an einen Ort,
an dem die Farben der Natur beruhigend auf mich wirken.
Ich verweile an diesem Ort,
konzentriere meine Gedanken und Erinnerungen
ganz auf das Plätschern von Wasser und Wellen
und das Rauschen des Windes in Bäumen und Wiesen.

Ich kehre in das Hier zurück mit dem Impuls:
Wo liegen die Quellen meiner Kraft?

Ruhe braucht Rhythmen

Wir sind unterwegs ins Ungewisse – wie eine Schafherde auf ihrer Weidewanderung. Wir sollen heutzutage flexibel und mobil sein, wollen uns entwickeln und neue Horizonte entdecken, müssen uns immer wieder verändern und neue Aufbrüche wagen. Dieses Unterwegs-Sein hält auf Dauer nur durch, wer auch Zeit-Räume der Ruhe kennt. „Oasentage“ und „Auszeiten“ sind gefragte Angebote. „Bringen Sie mich zur Ruhe“, sagte ein Manager zu einem Mönch am Anfang eines Wochenendes im Kloster, „aber zügig, ich habe nur 36 Stunden Zeit.“ Ruhe als kurzfristiger Ausnahmezustand oder eilige Vorbeugung gegen ein „Burnout-Syndrom“ kann nachhaltig keine Lebenskraft zurückbringen. Wir brauchen Quellen der Ruhe als regelmäßige Atempausen im Alltag, die dem Leben einen beständigen Rhythmus von Anstrengung und Ausruhen geben.

In unserer modernen Welt fällt es uns schwer, uns auf diesen Rhythmus einzulassen. Oft lässt uns die Hektik der Lebensumstände nicht zur Ruhe kommen, macht die Überfülle an Möglichkeiten unsere Seele atemlos. Mag sein, dass Gott die Welt in beruhigenden Farben geschaffen hat – aber das ist ohne Bedeutung, wenn mir der Blick dafür fehlt. Was kann mir helfen, wenn ich keine Ruhe finde? Dann muss ich „geführt“ werden, wie der Psalm sagt. Die biblische Meditation führt vom Wort in die Stille. Auch wenn ich das während meiner Konfirmandenzeit anders gesehen habe: Heute bin ich froh, Psalm 23 auswendig zu können. In angespannten Situationen bete ich ihn laut, passe meinen Atem dem Rhythmus der Worte an und merke, dass ich mich entspanne und zugleich sammle.

So bete ich mich hinein in Atempausen des Alltags. Das gelingt aber nur, wenn ich mir regelmäßig Zeit nehme, zur Ruhe zu kommen – und nicht bloß kurzfristig reagiere, wenn mir unter Anspannung und Belastung die Luft ausgeht. Ich nehme wahr, was Gott für mich jetzt und hier an Gutem bereithält. Auf diese Weise führt er mich zur Ruhe, lässt meine Seele wieder zu Atem kommen, bringt meine Lebenskraft zurück. Ich werde gestärkt für neue Aufbrüche und Alltagsanstrengungen.

Kommt unsere Seele noch mit?

Ein Sprichwort sagt: „Das Gras auf der anderen Seite des Hügels ist immer grüner.“ Was treibt uns, das Glück immer jenseits des Gegenwärtigen zu suchen? Die Neu-Gier oder die Sehnsucht nach dem Unbekannten? Der Ehrgeiz oder die Angst, etwas zu verpassen? Oder die Unzufriedenheit mit den abgegrasten Gefilden unserer Gewohnheiten?

In der Frühzeit europäischer Forschungsreisen nach Afrika soll es hin und wieder zu folgendem Zwischenfall gekommen sein: Eine Expedition war einige Tagesmärsche in unbekanntes Gebiet vorgestoßen. Da weigerten sich die einheimischen Träger eines Morgens, weiter zu gehen. „Wir sind sehr weit gelaufen und haben viel Neues gesehen“, sagten sie, „nun müssen wir einen Tag warten, bis unsere Seelen hinterhergekommen sind.“ Das klang in den Ohren der ständig vorwärtsstrebenden Europäer wie die faule Ausrede für eine übertarifliche Pause. Tatsächlich ist es aber eine tiefe Weisheit: Nie schneller durchs Leben zu gehen als die Seele mithalten kann.

Manchmal kommt unsere Seele nicht hinterher im Leben: Wenn die Hektik der Lebensumstände die Seele atemlos macht – wie kann sie wieder zu sich kommen? Wenn eine Überfülle von Erlebnissen und Möglichkeiten die Seele nicht ruhen lässt – wie kann sie wieder ihren Rhythmus finden? Wenn unvorhergesehene Erfahrungen wie beispielsweise eine Krankheit die Seele aus dem Gleichgewicht werfen – wie kann sie wieder ausgeglichen werden?

Was wir mit „Seele“ bezeichnen, ist in der Bibel wörtlich der „Atem“ des Lebens, den Gott dem Menschen eingehaucht hat. In der bildhaften Sprache der Schöpfungsgeschichte wird deutlich: Die Seele ist die eigentliche Lebenskraft des Menschen, die ihn erst zum Menschen macht. Die Seele ist mehr als der Sitz der Gefühle: Hier kann der Mensch seine Erfahrungen verarbeiten und bewerten, seine Erlebnisse zu einem sinnvollen Ganzen verbinden und auf Ziele ausrichten, Entscheidungen treffen und abwägen zwischen Richtig und Falsch, Gut und Böse. Die Seele kann aber überfordert werden. Dann kommt sie nicht mehr mit.

„Was hilft es dem Menschen, wenn er die ganze Welt gewinnt, dabei aber Schaden an seiner Seele nimmt?“ (Markus 8,36) Diese kritische Frage Jesu betrifft auch die Entwicklung, die unsere Moderne nimmt: Wir erreichen immer mehr, durchschauen immer komplexere Zusammenhänge, erwirtschaften immer höhere Erträge, beuten die Erde und die Menschen (sogar uns selber) immer hemmungsloser aus, machen Gewinn zum Lebenssinn und häufen „Habseligkeiten“ an – aber erleiden immer größere Schäden an der Seele.

Immer atemloser laufen wir unseren Möglichkeiten hinterher, immer heftiger leidet unsere Seele unter Sauerstoffmangel. Die steigende Zahl der psychischen Erkrankungen in der westlichen Gesellschaft ist ebenso wie das Anwachsen spiritueller Sehnsüchte ein Indiz dafür.

Sich leisten können, auch mal nichts zu leisten

Wenn die Seele auf der Strecke bleibt, kommen wir an Punkte, an denen wir nicht mehr zu Atem kommen, nicht mehr nachkommen mit unseren Kräften. Wie gut, wenn man dann - wie der Beter von Psalm 23 - sagen kann: Gott *„erquicket meine Seele"*, wie Luther übersetzte. „Erquicken" ist ein Wort, mit dem wir heute kaum noch etwas anfangen können. „Wieso quiekt meine Seele", fragte ein Kind im Kindergottesdienst. Den ursprünglichen Wortsinn könnte man übersetzen: Gott bringt meine Seele wieder zu sich, stellt sie wieder her. Er kann unsere Seele zur Ruhe kommen lassen und sie stärken (oder, wie man heute sagt: die Seele „Kraft tanken" lassen).

Ja, Gott kann unsere Seele sogar nach dem Tod wiederherstellen. Auch diese Hoffnung schwingt mit, wenn der Beter sagt: Gott stellt meine Seele wieder her. Die Seele als Inbegriff dessen, was unsere Persönlichkeit kennzeichnet, kann durch Gottes neu schaffende Kraft auch über das irdische Leben hinaus weiterleben.

Wie kann die Seele wieder zu sich kommen? Das braucht Ruhe und Zeit. Wenn ich mir Zeit zum Gebet nehme, kann meine Seele Atem holen. Wenn ich mir Orte der Ruhe suche, kann meine Seele zu sich selbst finden. Wenn ich mit biblischen Texten lebe, können sie für mich Kraftquellen der Seele werden. Ich muss vor allem nicht mehr können als Gott.

Von Anfang an betont die Bibel, dass sogar Gott selbst Ruhepausen einlegt. Eine seiner wichtigsten Lebensregeln für die Menschen lautet (2 Mose 31,15+17): *„Sechs Tage soll man arbeiten; der siebte Tag ist Sabbat, Ruhetag, heilig für den Herrn. Denn in sechs Tagen hat der Herr Himmel und Erde gemacht; am siebten Tag ruhte er und atmete auf."* Hier klingt dasselbe an wie in Psalm 23: Die Seele braucht Ruhepausen, damit sie wieder zu Atem kommen kann. Und zwar regelmäßig im Rhythmus des Alltags. Statt mit hängender Zunge von „Auszeit" zu „Wellnesstag", von Feiertag zu Urlaub durchzuhecheln, darf und soll ich mir einmal in der Woche leisten, nicht ständig etwas leisten zu müssen.

Meditation

„Gott lässt meine Seele wieder zu Atem kommen."
Die Worte der Bibel sind wie eine Mund-zu-Mund-Beatmung,
um meine Seele wiederzubeleben.

Ich spreche laut Psalm 23.
Ich passe meinen Atem dem Rhythmus der Worte an.
Ich wiederhole sie mehrfach und lasse sie nachklingen,
entspanne mich.

Ich bete mich hinein in Atempausen des Alltags.
Dazu nehme ich mir jeden Tag einige Minuten Zeit.
Mit einem Psalm.
Mit einem Bibelwort.
Mit einem freien Gebet.

Wenn der Tag besonders anstrengend und angefüllt ist,
nehme ich mir einige Minuten mehr.

Gebet

Gott, wir kommen zu Dir aus der Unruhe unseres Alltags,
der Unruhe unbewältigter Vergangenheit,
der Unruhe gegenwärtiger Sorgen,
der Unruhe unserer Gedanken über die Zukunft.

Schenke uns jeden Tag Momente der Stille,
dass unsere Seele wieder zu Atem kommt.

Du kennst die,
denen das Leben nur noch grau in grau erscheint:
Lass sie die Quellen ihrer Kraft neu entdecken
und hoffnungsvolles Grün an ihren Wegen aufblühen.
Du kennst die, die durch dunkle Täler gehen:
Lass sie das verheißungsvolle Blau des Horizonts
nicht aus den Augen verlieren,
ihre Erwartungen nicht aufgeben
und neue Horizonte entdecken.

Du hast die Welt in beruhigenden Farben geschaffen.
Hilf uns, dass wir in den grellen Farben der künstlichen Welt,
die wir geschaffen haben,
nicht unsere Seele verlieren.

Intermezzo:
Warum ein Facharzt Psalm 23 als Rezept verschrieb

Der Nürnberger Krebsspezialist Prof. Helmut Renner verordnete Patienten mit schlechten Prognosen ein besonderes Rezept: Dreimal täglich Psalm 23 beten. Dieser Psalm helfe, so Prof. Renner, sich mit der „Sinnfrage des Lebens“ auseinanderzusetzen, und vermittle einen „Raum für Hoffnung“, gerade angesichts der Angst vor dem Tod. Das Gebet sei eine „zusätzliche Hilfe“ für eine wirksame Therapie, die auch die „psychische Situation des Patienten“ berücksichtigen müsse.[8]

Gegenwärtig setzt sich mehr und mehr die Erkenntnis durch, dass die hochtechnisierte und standardisierte Schulmedizin nicht die letzte Weisheit für sich gepachtet hat. Alternative und „ganzheitliche“ Behandlungen drängen zu einer Horizonterweiterung und befragen medizinische Maßstäbe und Methoden kritisch. Ist es da nicht höchste Zeit, auch wieder auf heilsame Hilfsmittel aus der biblischen Tradition zurückzugreifen?

Ohne Zweifel können die Gebetsgedanken von Psalm 23 eine therapeutische, zumindest tröstliche und tragende Kraft entfalten. Und man darf ihnen durchaus – wie Prof. Renner – eine stärkende Wirkung zutrauen. Die Frage ist, ob man diese Wirkung auch verordnen kann. Sicherlich hat Prof. Renner sein Gebetsrezept als Anregung zum Ausprobieren gemeint. Aber in unserer Zeit, die nach einfachen Rezepten sucht und am schnellen Erfolg orientiert ist, könnte es als Beschwörungsformel missverstanden werden.

Beziehungen können heilen helfen – auch die Beziehung zu Gott, die sich in den Worten eines Gebets äußert, vielleicht auch um diese Worte ringt. Als verordnetes Rezept können die Worte jedoch unter den Erwartungsdruck geraten, aus sich selbst heraus zu wirken. Eine solche „magische" Instrumentalisierung widerspricht dem Wesen des Gebets. Denn der Beter richtet sich auf Gott aus, vertraut das eigene Wohl dem Willen Gottes an, setzt seine Hoffnung auf Gottes Handeln.

Psalm 23 kommt ohne Bitten aus. Doch den Beschreibungen, wie gut Gott es mit dem Beter meint, wohnt der Wunsch inne, dass es weiterhin so bleiben möge. Natürlich können Bitten und Wünsche auch direkt im Gebet ausgesprochen werden. Sie sind aber immer eingebettet in die Vertrauensbeziehung zu Gott und überlassen ihm die letzte Entscheidung darüber, was gut und hilfreich ist: „Dein Wille geschehe!" Vertraut man die Wirkung des Gebets dem Willen Gottes an, bleibt die Erwartung offen für die Erfahrung, dass das Erbetene vielleicht anders in Erfüllung geht als ursprünglich gewünscht.

Wird das Gebet dagegen zum Selbstläufer, fällt das Ausbleiben des Gewünschten leicht auf den Anwender zurück: Du wirst nicht gesund? Dann hast Du nicht genug gebetet! Du betest und findest doch keine Hoffnung und Heilung? Dann glaubst Du nicht richtig! Solche spirituellen Kurzschlüsse treten vor allem da auf, wo Gott zum Wunscherfüller und das Gebet zum letzten Mittel in der Not verzweckt wird.

Psalm 23 soll keinen Erfolgsdruck aufbauen, sondern Angst abbauen. Als Rezept regt das Gebet zum Ausprobieren an, inwieweit das Gottvertrauen in schwierigen Situationen tragen kann. Und es kann einladen zu entdecken, wie heilsam es sein kann, auf Gottes Nähe und Hilfe zu hoffen.

Wer dieses Rezept übernimmt, sollte es regelmäßig anwenden und Psalm 23 in einen festen Rhythmus persönlicher Gebetszeiten einbinden. Es kostet nichts – außer etwas Zeit. Auch sind keine Risiken und Nebenwirkungen bekannt. Außer vielleicht, dass uns Gewohntes, das wir für ganz wichtig hielten, plötzlich weniger wesentlich erscheint und wir dafür neue Lebensinhalte entdecken, die uns zutiefst erfüllen, Rückhalt und Hoffnung geben.

VERS 3:

In Spurrillen der Richtigkeit
leitet ER mich
um seines Namens willen.

Kann mir jemand sagen, wo´s langgeht?

Am Bahnhof fragt ein Mann an der Auskunft, wann der nächste Zug nach Süden fährt. Er will seinen kranken Onkel besuchen. Der Mann am Schalter nennt ihm die Zugverbindungen. Der Kunde fragt weiter, wann der nächste Zug nach Norden fährt. Dort hat er eine Cousine, die ebenfalls krank ist. Er ist unentschlossen, wen von beiden er besuchen soll, und versucht, aus den Fahrplanauskünften einen Rat herauszuhören, wohin er fahren soll.

Immer drängender wird sein Anliegen: „Ich möchte so gerne wissen, welche Richtung ich einschlagen muss im Leben.“ Es ist natürlich unsinnig, am Bahnhofsschalter eine Antwort auf diese Frage zu erwarten. Dementsprechend stammt diese Szene auch aus einem absurden Theaterstück, einem Einakter von Jean Tardieu mit dem Titel „Der Schalter“[9].

Manchmal wünsche ich mir wie der Kunde an Tardieus Schalter einen Auskunftgeber, der meinem Leben die Richtung weist. Vielleicht ließe sich in der Bibel ein Routenplaner für die richtigen Lebenswege finden? Doch dann denke ich: Wären alle Entscheidungsmöglichkeiten und Handlungsoptionen vorgezeichnet, ginge es nicht um wachen Glauben, sondern um blinden Gehorsam, gäbe es kein Vertrauen und Wagen, keine Freiheit und keine Verantwortung.

Klingt Psalm 23 aber nicht so, als ob es einen vorgezeichneten Lebensweg gäbe? Statt allgemein von Wegen ist wörtlich von „Spurrillen“ die Rede.

Der Psalmbeter vergleicht sein von Gott geleitetes Verhalten mit den tiefen Furchen, die schwere Wagenräder in den Boden einprägen. Diese eingefahrenen Wege haben in der Lebensführung einen Namen: Gewohnheiten. Hat sie der Beter durch regelmäßiges und regelgemäßes Befolgen vertieft? Lebt er in einem gesellschaftlichen Umfeld, dessen moralische Werte so fest eingeprägt sind, dass sie kaum Abweichungen zulassen?

In unserer Zeit sind „Sitten und Gebräuche“ nicht mehr selbstverständlich. Es gibt eine Vielzahl von Lebenseinstellungen, Weltanschauungen und Wertvorstellungen, die sich nicht auf einen Nenner bringen lassen. Was richtig oder falsch, gut oder böse ist, darüber gehen die Meinungen auseinander.

Die beschleunigten Veränderungen der Lebensumstände stellen vor neue Möglichkeiten und Herausforderungen, die nicht mehr mit traditionellen Verhaltensweisen und altbewährten Entscheidungsmustern zu bewältigen sind. „Das haben wir schon immer so gemacht“ reicht nicht mehr als Begründung und Orientierung. Die Moral als vorgegebene Werte-Ordnung weicht der Ethik, die darin einübt, Maßstäbe für das Miteinander zu entwickeln, Entscheidungen nachvollziehbar zu begründen und eigenverantwortlich zu wählen.

Gewohnheiten – festgefahren oder wegweisend?

Das griechische *Ēthos* bezeichnet ursprünglich den *Wohnort*. Auch im deutschen Wort Ge*wohn*heit klingt an, dass es um Verhaltensweisen und Einstellungen geht, in denen man zu Hause ist. Womit man vertraut und worin man eingeübt ist, das hält man auch für richtig. Wie können wir aber sicher sein, dass wir in den „Spurrillen“ der Gewohnheit auf dem richtigen Weg zu guten Zielen sind?

Der vorausgehende Vers gibt darauf eine erste Antwort: Ethik braucht eine gewisse „Seelenruhe“, braucht Zeit, um nachzudenken und sich ein Urteil zu bilden, um kritische Distanz zu gewinnen und die eigene Perspektive zu erweitern. (*Ēthos* hat auch die Nebenbedeutung „ruhiger Seelenzustand“[10]!) Unter Zeitdruck und Handlungsstress besteht die Gefahr, dass man die ethischen Normen vernachlässigt, denen man sich eigentlich verpflichtet fühlt.

Ein Mann, der sein Leben furchtbar vor die Wand gefahren hatte und psychisch daran zerbrach, sagte mir in einem Gespräch: „Jahrelang habe ich Gas gegeben auf der Überholspur des Lebens, wollte immer mehr und das möglichst sofort. Dabei habe ich irgendwann aufgehört zu fragen, ob die Richtung überhaupt noch stimmt.“

Wie finde ich den richtigen Weg? Eine zweite Antwort liegt im Begriff der „Richtigkeit“. „Gerechtigkeit“ oder „Richtigkeit“ ist in den biblischen Texten keine „fixierte Norm“, sondern meint „gemeinschaftsgemäßes Verhalten“[11].

Zu gemeinschaftsgemäßem Verhalten sollten unsere „Spurrillen“ führen. Bin ich gewohnt, nicht nur an mich zu denken, sondern gemeinsam mit anderen mein Leben zu gestalten, miteinander zu teilen und Anteil aneinander zu nehmen, zu unterstützen und zu helfen? Erlebe ich, wie mein Leben dadurch erfüllt und beziehungsreich wird? Dann werde ich dementsprechend auch Entscheidungen treffen und Verhaltensweisen vertiefen.

Wenn ich mein Leben auf gemeinschaftsgemäßes Verhalten ausrichte, bleibe ich Gott auf der Spur. Denn Gott steht mit seinem Namen für die Gemeinschaft mit uns ein. Als Mose ihn fragte, wie er verlässlich ansprechbar und identifizierbar sei, antwortete Gott mit einem eigentümlichen Namen: *Ich bin, der ich bin* (2 Mose 3,14). Gemeint ist: Gott kann nicht auf einen Begriff gebracht werden, um ihn zu begreifen. Er entzieht sich unserer Verfügbarkeit.

Aber er ist, wie er wirkt – und sein Wirken hat eine klare Ausrichtung. *Ich bin mit dir* (2 Mose 3,12) hat er unmittelbar zuvor Mose versprochen. Um dieses Namens willen setzt er gute Ziele durch seine Verheißungen, gibt Orientierung durch seine Weisungen und weckt durch seinen Zuspruch die Kraft, die entsprechenden Wege zu finden und zu gehen.

Meditation

Was ich für richtig halte, verfestigt sich zu Gewohnheiten.
Ich gehe innerlich meinen Wertvorstellungen nach,
erinnere mich an Entscheidungen, die ich für richtig hielt.

Ich zeichne in Gedanken oder tatsächlich
eine Straßenkarte meines Lebens.
Wie geradlinig oder verschlungen
sind die bisherigen Wege verlaufen?
Wo bin ich in Sackgassen geraten,
wo Umwege gegangen?
Auf welchen Strecken habe ich
Gottes Leitung und Begleitung gespürt,
wo habe ich mich alleingelassen gefühlt?

Welche Ziele verfolge ich mit meinen eingeübten
Entscheidungsmustern und Verhaltensweisen?

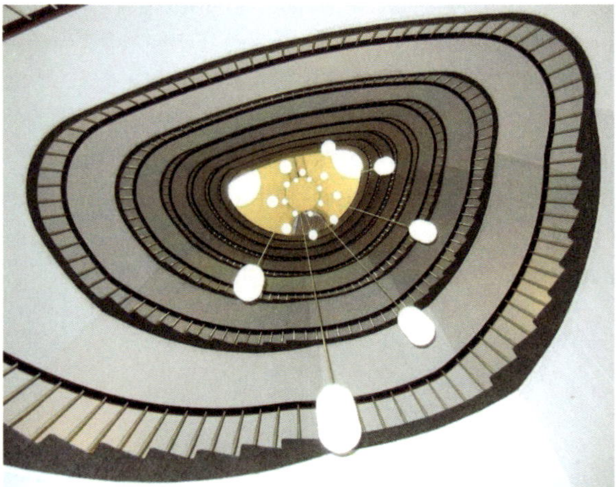

Gebet

Gott,
wenn wir nur noch durchs Leben rennen
und nicht mehr nach der Richtung fragen,
bring uns bitte wieder auf die richtige Spur.

Führe die,
die in ihrem Leben die Orientierung verloren haben,
wieder auf gute Wege zu Zielen, die sie erfüllen.
Zeige denen,
die das Gefühl haben, dass es nicht mehr weiter geht,
Auswege aus schwierigen Situationen.
Gib denen, die vor Weichenstellungen stehen
und Entscheidungen treffen müssen,
die Weisheit und den Willen,
einen gemeinschaftsfördernden Weg einzuschlagen.
Lass diejenigen, deren Lebensweg zu Ende geht,
gut begleitet sein, Deine Nähe spüren
und versöhnt auf ihr Leben zurückblicken können.

Lass uns Geduld haben,
wenn Fortschritte ihre Zeit brauchen.
Lass uns mutig und getrost den nächsten Schritt gehen,
den Du uns weist,
auch wenn wir nicht den ganzen Weg überblicken können.

VERS 4:

**Selbst wenn ich gehen müsste
durchs Tal der Todesschatten,
fürchte ich nichts Böses,
denn DU bist bei mir,
DEIN Schutzstock und Hirtenstab
machen mir Mut.**

Johannes und Maria

*Chorfenster (um 1400)
Halberstädter Dom*

Die Angst weicht, wo das Vertrauen wächst

Zunächst ist es nur ein Gedankenspiel: Was wäre, wenn ...? Wenn ich Wege gehen müsste, die vom Leid überschattet würden – könnte ich dann immer noch vertrauensvoll sagen, dass Gott mich den richtigen Weg führt? Das Gedankenspiel ist zugleich vorweggenommene Lebenserfahrung. Denn unsere Lebensgeschichten verlaufen nicht immer so, wie wir sie planen und gestalten, sondern sind „Handlungs-Widerfahrnis-Gemische“[12].

Manche Widerfahrnisse schneiden sich wie dunkle Täler tief ins Leben ein. Wie Todesschatten können sich der Verlust eines nahestehenden Menschen und Trauer, das Absterben einer Beziehung und das Begraben von Hoffnungen, Krankheit und das Schwinden von Lebenskraft, Scheitern und Schuld über das Leben legen. Zum dunklen Tal kann auch werden, was der Beter in der Folge beschreibt: Feindschaft, vielleicht sogar mit Menschen, denen man sich eng verbunden fühlte.

Im Bibelgesprächskreis einer Kölner Gemeinde lasen wir Psalm 23 in der Übersetzung Martin Luthers: *„Und ob ich schon wanderte im finstern Tal ...“*. Da seufzte ein älterer Teilnehmer und unterstrich im Dialekt lautmalerisch seine Zwischenbemerkung: „Dat ziiieht sisch, so´n dunkles Tal!“ Wer schon einmal dunkle Täler durchschritten hat, kennt dieses Gefühl: „Hört das denn nie auf?“

Leider sind Angst und Vertrauen bzw. Hoffnungslosigkeit und Zuversicht ungleich verteilt im Leben: Hoffnungslos zu sein schaffen wir ganz von allein, aber Zuversicht braucht meist den Zuspruch eines Anderen und einen Anstoß von außen. Angst kommt von selbst, aber Vertrauen will gelernt und vermittelt sein.

Niemand muss einem Kind beibringen, Angst zu haben. Sie kommt von selbst. Aber Vertrauen zu entwickeln – Vertrauen zu sich selbst, zu anderen Menschen, zum Leben, zu Gott – ist ein Lernprozess, der durch verlässliche Bezugspersonen und ermutigende Erfahrungen in Gang gehalten wird.

Dem Psalmbeter vermittelt die Beziehung zu Gott Vertrauen: DU wirst mich auch in schwierigen Situationen schützen und durchbringen - wie ein Hirte, der mit seinem schweren Schlagstock äußere Feinde (Raubtiere oder Diebe) abschreckt und mit seinem gebogenen Hirtenstab die Schafe an Hals oder Bein von Dornengestrüpp oder Abhängen wegzieht.[13]

Manchmal kann die Angst davor, was kommen könnte, daran hindern, einen Weg überhaupt zu gehen. Dem Psalmbeter ist bewusst, dass ihn sein Glaube nicht vor dunklen Tälern bewahrt. Aber er lässt sich nicht von den Unsicherheiten bestimmen, sondern von der verlässlichen Konstante seines Lebens: Du bist bei mir! Er vertraut darauf, dass sich der Glaube an Gott bewährt in den dunklen Tälern. Denn die Angst weicht, wo das Vertrauen wächst.

Wieder ans Licht kommen

In schweren Zeiten durfte ich erleben, dass Gott mir andere Menschen zur Seite stellte, die mir Rückhalt gaben. Oft konnten sie gar nichts für mich *tun* – es reichte, dass sie für mich *da waren*. Aber selbst in Situationen, in denen mir kein Mensch zur Seite stand, stützte und stärkte mich Gott – manchmal durch einen Bibelvers, der mir nicht mehr aus dem Kopf ging und den Weg wies, oder durch eine unerwartete Erfahrung, die mich ermutigte, oder durch ein tiefes Gefühl, geborgen zu sein und getragen zu werden.

Du bist bei mir: Vom bildhaften Beschreiben und dem Bekenntnis zu Gott in dritter Person schlägt der Ton um zu innigster Vertrautheit und direkter Anrede. Nichts – auch nicht die bedrückende Erfahrung der Todesschatten – steht zwischen dem Beter und dem *Du*, dem unmittelbaren Gegenüber Gottes.

Diese Erfahrung nimmt die Angst, auch wenn die scheinbaren Selbstverständlichkeiten nicht mehr weiterführen und sich gewohnte Gewissheiten verdunkeln. Wie gut, wenn dann jemand für mich da ist, mir zur Seite steht und Halt gibt, Vertrauen vermittelt und Mut macht.

Wir verlieren das Vertrauen zu uns selbst, wenn wir überfordert werden von den Widerfahrnissen des Lebens, das Vertrauen zu anderen, wenn wir enttäuscht werden, das Vertrauen zum Leben, wenn es zu schmerzhaft wird, das Vertrauen zu Gott, wenn er in schwierigen Zeiten verborgen und fern scheint.

Die Angst kommt von selbst und Vertrauen geht leicht verloren. Wieder Vertrauen zu gewinnen und neuen Mut zu bekommen ist nicht selbstverständlich, sondern braucht die persönliche Nähe eines Anderen, braucht Zuspruch und Zeichen der Zuwendung.

„Ich möchte wieder ans Licht kommen", sagte mir eine Patientin, die eine lange Krankheitsgeschichte durchlitt. Sie sehnte sich nach der Hoffnung, die im Vertrauensbekenntnis des Psalmbeters durchscheint: Wo ein Schatten fällt und das Leben verfinstert, muss irgendwo Licht sein. Ich will darauf vertrauen, dass der Weg durchs Dunkel nur eine Etappe meines Lebens ist und ich wieder ans Licht komme. Bis dahin gebe ich die Hoffnung nicht auf: Ich werde nicht steckenbleiben und verloren gehen im *„Tal der Todesschatten"*, sondern hindurchbegleitet werden.

Meditation

Wo haben sich dunkle Täler
tief in mein Leben eingeschnitten?

Ich richte mich auf,
hebe den Blick von den Schluchten und Schatten.
Sehe ich ein Licht,
das die dunklen Erfahrungen erhellt?

Wohin führt mein Weg am Ende des Tales?

Ich lasse die Ängste zu, die mich bedrängen.
Ich suche Rückhalt,
vertraue mich den Beziehungen an,
die mich stützen und tragen.

Zu wem kann ich sagen:
„Du bist bei mir“?

Anregung zum Erfahrungsaustausch:

Wie entsteht Gottvertrauen?
Kann man es lernen?

Wenn es durch Gegenerfahrungen bedroht ist,
was kann geschehen, damit das Vertrauen erhalten bleibt?

Wodurch unterscheidet es sich
von bequemer, törichter Vertrauensseligkeit?[14]

Gethsemanekirche
Berlin,
Prenzlauer Berg

Ort von Mahnwachen
im Herbst 1989

„Der gute Hirte"
Wandteppich von Gertrud Lützow (1960er Jahre)
Evangelische Senioreneinrichtungen, Bergisch Gladbach

Keine Schäferromantik

Auf den ersten Blick entspricht die etwas naive Darstellung des "Guten Hirten" dem Klischee: Der Hirte hält sorgsam ein Schaf im Arm, Herde und Hütehund schmiegen sich an ihn. Schaut man aber genauer hin, dann zeigt der Hintergrund einen dunklen Nachthimmel. An der Seite lauert ein Wolf hinter dem Rücken des Hirten, streckt seinen Kopf hervor und reißt hungrig das Maul auf.

In Psalm 23 wird keine Schäferromantik beschworen, die alles ausblendet, was nicht zum idyllischen Bild der grünen Wiese passt. Der Psalm verschweigt nicht, dass auch diejenigen, die auf Gott vertrauen, dunkle Lebenswege durchlaufen müssen und mit Widrigkeiten konfrontiert werden.

Im Neuen Testament überträgt Jesus das Bild vom Hirten auf sich selbst und bezeichnet sich als den „guten Hirten" (Johannes 10,11+14). Auch er romantisiert das Schäferleben nicht, sondern kennt seine Gefahren. Der Hirte gibt sein Leben hin, um das seiner Schafe zu schützen, denn reißende Wölfe umkreisen die Herde (Johannes 10,12).

Das Vertrauen auf den „guten Hirten" kann und soll nicht verdrängen, dass im Leben Dunkelheiten und Gefährdungen lauern wie reißende Wölfe. Doch die Hingabe des „guten Hirten" leitet und begleitet die Seinen durch alle Widrigkeiten. Wie ein Gütesiegel ist deshalb ein Stern über dem Hirten zu sehen, größer und heller als die anderen Sterne, die den Nachthimmel säumen.

VERS 5:

**Du deckst vor mir einen Tisch
gegenüber denen, die mich anfeinden,
du salbst mit Öl mein Haupt,
mein Becher fließt über.**

Jesus reicht Judas die Hostie beim Mahl

*Westfälisches „Schinken-Abendmahl“ (1500)
St. Maria zur Wiese, Soest*

Wonach Versöhnung schmeckt

Liebe geht bekanntlich durch den Magen. Versöhnung manchmal auch. Ich erinnere mich an eine Rückfahrt im Nachtzug aus Warschau. Ein alter, gebrechlich wirkender Mann teilt mit mir das Abteil. Wir kommen auf Englisch ins Gespräch. Er fährt auf Einladung der Caritas nach Aachen. Eigentlich, so erzählt er, wollte er Deutschland niemals betreten, weil er nach dem Warschauer Aufstand im KZ Auschwitz viel erlitten hat und seine Familie dort umkam. Nun war er unheilbar an Krebs erkrankt und hatte beschlossen, einmal ins „Land seiner Peiniger" zu reisen. Er wollte herausfinden, ob sich die Deutschen geändert haben. Ich gestehe ihm, dass ich Deutscher bin. Er verstummt, wendet sich ab. Den Rest des Abends legt sich Schweigen über das Abteil. Wir gehen ohne ein Wort zu Bett.

Am nächsten Morgen sitze ich am Fenster und lese in meiner Bibel. Da bricht er zu meiner Erleichterung das Schweigen: „Sie sind Christ?" Von diesem Moment an finden wir im Glauben eine gemeinsame Ebene der Verständigung. Wir beginnen - wieder auf Englisch - mit großem Ernst über Vergangenheit und Veränderung zu diskutieren. Er teilt eine teure Tafel polnischer Schokolade, die bis heute den Namen des eingewanderten Firmengründers trägt, und reicht mir eine Hälfte mit einem Lächeln: „Deutscher Marken-Name!" Ich biete ihm einen meiner Äpfel an und sage: „Polnischer Markt!" Seitdem schmeckt Versöhnung für mich immer ein wenig nach Wedel-Schokolade.

Wie gut, wenn Versöhnung einen Geschmack hat, einen Ort und eine Gelegenheit. Als Psalm 23 entstand, gab es dafür den Tempel in Jerusalem. Dorthin konnte man auch mit Streitigkeiten kommen - ein Priester führte ein Gottesurteil durch und am Ende wurde mit einem Dankopfer ein Festmahl verbunden, zu dem beide Streitparteien an einen Tisch geladen wurden. Dieser Brauch steht vermutlich im Hintergrund unseres Bibelverses.[15] Wie gut, wenn es für Feinde und Streitende einen Ort gibt, wo sie wieder zueinander finden und zumindest friedlich den Tisch miteinander teilen können!

Im Neuen Testament führt Jesus diese Tradition fort. Er teilt beim letzten Abendmahl mit seinen Jüngern das Brot und schließt dabei auch den nicht aus, der vom Freund zum Feind wurde und ihn verriet: Judas. Das Abendmahl ist zum christlichen Ort der Versöhnung geworden. Das Brot zu teilen kann ein Anfang sein, sich einander mitzuteilen. Dadurch wird man nicht unbedingt zu Freunden. Aber man lernt zumindest, so miteinander umzugehen, dass man sich gegenseitig mit Anstand – wenn auch auf Abstand – in die Augen sehen kann.

Gott deckt den Tisch und füllt den Becher übervoll *„im Angesicht meiner Feinde“* (Luther) – ein Affront für jene Harmoniesucht, die in christlichen Kreisen verbreitet ist und um des „lieben Friedens“ willen jedem Meinungsstreit aus dem Weg geht: Es gibt erfülltes Leben auch dann, wenn mich nicht alle mögen oder wir wegen unterschiedlicher Ansichten nicht alle auf der gleichen Seite des Tisches sitzen!

Dinner für Feinde

Der jüdische Gelehrte und Geistliche Zalman Schachter-Shalomi hat den „Tisch im Angesicht der Feinde“ auf eigenwillige Weise interpretiert.[16] Er schlägt vor, einmal im Jahr seine Feinde, das heißt alle Menschen, mit denen man Ärger und Streit hat, imaginär zu einem Abendessen einzuladen.

Man legt das teure Tischtuch auf, das nur an Festtagen herausgeholt wird, deckt das beste Geschirr und Besteck ein. Dann geht man von Platz zu Platz, um sich jeden einzelnen Feind als virtuellen Gesprächspartner vorzustellen und sich zu fragen, was man durch den Konflikt für sich oder über sich selbst lernen kann. Abschließend solle man, so Rabbi Schachter-Shalomi, noch einmal um den Tisch gehen und sich für die konstruktive Kritik bei jedem Einzelnen bedanken.

Eine solche Übung kann Spannungen abbauen. Schwieriger wird es, wenn man mit „inneren Feinden“ zu kämpfen hat. Manchmal wirken in uns Kräfte wie Ängste oder Minderwertigkeitskomplexe und hindern uns daran, das Leben ungetrübt zu genießen oder ungezwungen zu gestalten. Können wir uns mit ihnen so arrangieren, dass wir sie als unvermeidliche Gäste an der inneren Tafelrunde unserer Psyche akzeptieren, aber weit genug vom Vorsitz wegsetzen?

Manchmal wird sogar der eigene Körper zum Feind, gerade bei den Mahlzeiten. „Schmerzende Zähne, ein trockener Mund, Schluckbeschwerden“ können einem kranken oder alten Menschen das Essen verleiden.

„Du bereitest vor mir einen Tisch im Angesicht meiner Feinde" – dieser Satz bekommt dadurch eine eigentümliche Bedeutung, wie Barbara Heller, Seelsorgerin in der Altenhilfe, bemerkt: „So könnte man manche Mahlzeit im Pflegeheim beschreiben."[17]

Ob wir uns inneren oder äußeren Feinden gegenübersehen, ob wir mit Konflikten konfrontiert werden – inmitten von allem, was uns zusetzt und beschwert, dürfen wir Gottes Einladung wahrnehmen: Es gibt immer einen Platz für mich an seinem Tisch. Wie ein orientalischer Gastgeber seine Gäste mit Salböl begrüßt und damit ehrt, nimmt Gott mich wichtig. Er schafft Gelegenheiten, bei denen ich erfahren darf, dass der Becher meines Lebens auch dann gut gefüllt sein kann, wenn mir das Leben nicht freundlich begegnet. In solchen Zeiten leidet das Selbstwertgefühl, entsteht leicht der Eindruck, dass sich alles gegen einen verbündet hat. Wie gut, wenn mir in einer solchen Situation Wertschätzung widerfährt. Eine Einladung zum Essen bietet dazu eine gute Gelegenheit.

Oft habe ich durch eine Einladung oder selbst als Gastgeber erlebt, wie die Gemeinsamkeit einer Tischrunde Konflikte entspannte oder in niedergedrückter Stimmung aufgerichtete! Essen und Trinken halten bekanntlich Leib und Seele zusammen. Das wusste auch der ältere Herr, der sterbenskrank im Pflegebett lag und am Abend auf die Frage des Pflegepersonals, ob er noch etwas brauche, entgegnete: „Ja, Psalm 23 und ein Pils!"

Meditation

Ich stelle mir vor,
meine Feinde
(Personen, Lebensumstände, innere Widerstände usw.)
zu einem Abendessen einzuladen.

Ich decke festlich den Tisch.
Ich gehe herum
und bedanke mich bei jedem Gast für das,
was ich durch die Auseinandersetzung mit ihm
über oder für mich selbst besser verstehen lernte.

Ich beende den Abend
mit einem Trinkspruch auf das Leben und den Frieden.

Gebet

Unser Gott, Du bereitest vor uns einen Tisch
voller Appetitanreger für die Seele
in den Worten der Bibel, in Begegnungen und Erfahrungen.

Wir fragen aber kaum danach,
was unser Leben mit Gutem erfüllen kann,
verlieren uns im äußeren Überfluss.
Aus Überfluss wird Überdruss.

Unser Becher scheint nur halbvoll zu sein.
Vielleicht sitzen wir auf der falschen Seite des Tischs
und sind uns selbst zum Feind geworden.

Wir sind zu einer Gesellschaft geworden,
die mehr wegwirft als wertschätzt.
Lass die Dankbarkeit zu unserem Tischgebet werden,
damit wir das Gute nicht allzu selbstverständlich nehmen.

Danke, dass unser Leben erfüllt sein kann –
selbst wenn sich Konflikte nicht immer vermeiden lassen,
selbst wenn uns das Leben nicht immer freundlich begegnet.

Stärke alle, die ihren inneren Feinden ins Gesicht sehen.
Lass uns versöhnt leben mit Widrigkeiten.
Bewahre uns davor, uns so weit auseinander zu setzen,
dass wir nicht mehr an einem Tisch zusammenfinden könnten.

Salbung: Segen, der unter die Haut geht

In vielen verschiedenen Gruppen – teils lange miteinander vertraut, teils bunt zusammengewürfelt - haben wir die Praxis des Salbens erprobt – verbunden mit der gemeinsamen Lesung von Psalm 23.

Ein Gefäß mit Salböl wird herumgereicht und jede(r) gebeten, den Sitznachbarn auf der Hand (bei vertrauteren Gruppen auch auf der Stirn) zu salben und dazu ein Wort der Ermutigung zu sagen. Am Ende werden folgende Sätze vorgelesen:

Gesalbt sein heißt: Etwas Besonderes sein.
Im Orient wurden Könige, Priester, willkommene Gäste gesalbt.

Riechen Sie den Duft des Salböls.
Nehmen Sie mit dem Duft den Gedanken auf:
Ich bin etwas Besonderes – so, wie ich bin:
Geliebt, gewollt, gebraucht von Gott.

Spüren Sie, wie das Salböl angenehm in die Haut einzieht.
Nehmen Sie dankbar wahr, was Ihr Leben mit Segen erfüllt.
Dankbarkeit ist das Geheimnis gelingenden Lebens.
Nichts ist selbstverständlich
angesichts der Gefährdungen des Lebens.

Genießen Sie die Gedanken an das,
was Ihren Lebensdurst stillt.
Je intensiver Sie das tun,
desto mehr wird Ihr Becher überfließen.

Intermezzo: Warum Psalm 23 ein Bilderbogen des ganzen Lebens ist

Seit 3000 Jahren begleitet Psalm 23 Menschen auf den Höhepunkten und in den dunklen Tälern ihres Lebens. Er wurde und wird bei freudigen Anlässen ebenso wie in tiefen Traurigkeiten gebetet. Im christlichen Kontext ist er beliebt als Tauf-, Konfirmations- oder Trauspruch, wird aber auch am Sterbebett und bei Beerdigungen gelesen. Viele kennen ihn sogar auswendig.

In vielen angsterfüllten Notlagen, bedrückenden Erfahrungen und sehnsuchtsvollen Momenten, aber auch beglückenden Erlebnissen, dankbaren Rückblicken und zufriedenen Hochstimmungen kam dieser Psalm Menschen in den Sinn und über die Lippen. In Situationen, in denen die eigenen Worte fehlen, kann ein altbekannter Text sprachfähig machen und Gefühlen Ausdruck verleihen. In Situationen, die schwer zu verstehen oder gar zu bewältigen sind, können vertraute Worte ein wenig Sicherheit vermitteln und Deutungsmuster anbieten.

Psalm 23 erzählt den Lebensweg des Menschen – nicht als nüchterne Aufzählung von Lebensstationen und biografischen Daten, sondern in poetischen Bildern. „Der Psalm stellt gewissermaßen das Leben des frommen Menschen von der Kindheit bis ins Alter dar“ schrieb der Tübinger Alttestamentler Paul Volz.[18] Folgt man diesem entwicklungspsychologischen Ansatz, spiegeln sich in Psalm 23 drei Stadien des Lebens wider: Kindliche Unbeschwertheit, der nichts fehlt, erwachsene Reife, die sich den Herausforderungen des Lebens stellt, und am Ende eine Lebensbilanz mit Ausblick.

Es beginnt mit dem Bild vom Schaf und dem Hirten. Kindliches Vertrauen verlässt sich auf Gottes Fürsorge, darum fehlt ihm nichts, es ist unbeschwert unterwegs auf grünen Wiesen, es fühlt sich unter Anleitung sicher. Der Lebensweg geht weiter, prägt sich in Gewohnheiten aus und führt in gefährliches Gelände. Das Schäflein des Hirten wird zum Weggefährten, der mit Gott auf Du und Du ist. Leitung und Begleitung gehen ineinander über im Vertrauen auf die schützende und ermutigende Nähe Gottes.

Wo Angst das Vertrauen bedrängt, in Schluchten voller Schatten und in der Konfrontation mit Widrigkeiten, weitet sich die Lebenserfahrung. Der Glaube reift. Wie schon der Weg durch grüne Wiesen Rastplätze und Ruhepausen braucht, so erst recht der Weg durch dunkle Täler. Ohne Innehalten kein Durchhalten. Der Gastplatz an Gottes Tisch bietet im Auf und Ab des Lebens einen Zwischenstopp zur Stärkung, an dem der Eingeladene sich nicht beweisen, um nichts sorgen, nichts erkämpfen muss. Bewirtet von Wertschätzung wird er befähigt, auch angesichts der Widrigkeiten den Becher des Lebens nicht halbleer, sondern mit Gutem gefüllt zu sehen.

Die wiederkehrende Teilhabe an Gottes Tischgemeinschaft schafft ein Zuhause auf Zeit. Und ändert den Beziehungsstatus: Aus dem Gast wird am Ende ein Familienmitglied. Der Wunsch wächst, dass die Erfahrungen des Guten und der Güte, die durch die Begegnung mit Gott vermittelt werden, das ganze Leben durchziehen. Sie sollen dem Glaubenden „anhängen“ und ihm „nachlaufen“ (wie es in Vers 6 wörtlich heißt).

Güte, die eine Spur des Guten hinterlässt, Glaube, der im Auf und Ab des Lebens seinen Platz gefunden hat, Hoffnung, die bei Gott zuhause ist – sollten diese Eigenschaften erst im Alter in Erscheinung treten? Schreitet das Gottvertrauen tatsächlich von Stufe zu Stufe fort? Lässt reifere Erfahrung die kindliche Unbefangenheit hinter sich und gehen schwere Erlebnisse in höherer Gotteserkenntnis auf?

Eher durchdringen und überlagern sich verschiedene Stadien wie die wechselnden Bilder im Psalm. Dadurch entwickelt sich eine Komplexität des Glaubens, der in vielfältigen Erscheinungsformen seine Erfüllung findet.

Es kann das Leben bereichern und erleichtern, sich in jedem Alter kindliches Vertrauen zu bewahren, eine Unbefangenheit, für die verlässliche Beziehungen die wichtigste Realität sind und die sich vom Guten im Jetzt zur Zufriedenheit im Hier führen lässt, statt sich von Ängsten leiten zu lassen.

Es kann das Leben bereichern und bestärken, wenn Gottes Zuspruch dem Glauben die Kraft einhaucht, allem und allen mit Wertschätzung zu begegnen und auch Widrigkeiten auszuhalten, und der Hoffnung den langen Atem gibt, auch in dunklen Tälern weiter zu guten Zielen unterwegs zu sein.

Es kann das Leben bereichern und beglücken, wenn Gott von einer Leitfigur, der man mit Respekt begegnet, zu einem freundschaftlichen Du wird und der Glaube auf der Spur der Güte immer wieder heimkehren kann in die Geborgenheit dieser innigen Gottesbeziehung.

VERS 6:

**Nur Gutes und Güte mögen mich verfolgen
alle Tage meines Lebens,
und ich möchte bleiben im Haus Gottes
(oder: zurückkehren zum Haus Gottes)
für die Länge aller Tage.[19]**

Antependium, Magdeburger Dom

Wo mein Zuhause wohnt

„Zuhause“ ist ein sehr persönlicher Begriff. Wenn ich mit alten Menschen ins Gespräch komme, empfinden viele die Senioreneinrichtung, in der sie aktuell leben, nicht als Zuhause. Ihre Gedanken gehen zurück an den Ort, wo ihr Elternhaus stand, wo sie aufgewachsen sind. „Ich bin aus Herkenrath“, heißt es dann, „ich komme von der Berliner Straße“ oder „eigentlich ist Schlesien meine Heimat“. Die früheste Erinnerung an einen Ort, wo ich meine Wurzeln hatte und wo ich mich wohlfühlte, an mein Elternhaus oder meinen Heimatort, prägt unser Herkommen. Dort ist und bleibt unser erstes Zuhause.

Wie gut, wenn jemand schöne Erinnerungen an das Zuhause der Kindheit hat! Denn manche mussten schon als Kind erleben, dass es keinen Ort der Geborgenheit für sie gab, keine warme Stube und keine sorgenden Eltern. Andere haben im Laufe des Lebens die Erfahrung gemacht, dass man ein Zuhause auch verlieren kann: Menschen, die im Krieg „ausgebombt“ wurden oder nach dem Krieg ihre Heimat verlassen mussten und plötzlich ohne ein Dach über dem Kopf dastanden. Der Titel eines Buches beschrieb das Lebensgefühl vieler Menschen nach dem Zweiten Weltkrieg und wurde zum sozialpsychologischen Schlagwort: „Der unbehauste Mensch“. Unbehaust, heimatlos zu sein, das haben Millionen von Flüchtlingen und Vertriebenen erlebt - und Millionen von Flüchtlingen und Vertriebenen erleben es leider bis heute.

Ich stehe in Köln an einer Bushaltestelle. Neben mir reden sich Jugendliche lautstark in Rage. Dabei höre ich den sprachlich interessanten Satz: „Eh, pass auf! Ich weiß, wo dein Zuhause wohnt!“ Und ich denke: Was hier offenbar als Drohung gemeint ist, beschreibt eigentlich eine wichtige Erfahrung. Wie gut, wenn man weiß, wo das eigene „Zuhause wohnt“. Denn vielen Menschen scheinen die inneren und äußeren Orte verloren zu gehen, an denen sie sich zugehörig, vertraut, geborgen fühlen. Der „unbehauste Mensch“ ist längst nicht mehr nur ein Phänomen der Nachkriegszeit.

Wir werden immer flexibler und mobiler, wechseln Wohnungen und Beziehungen und Arbeitsplätze, Familien verlieren ihren Zusammenhalt und vertraute Orte ihre Bindungskraft. Durch die Vernetzung der Kommunikation und die Schnelligkeit der Verkehrsmittel wächst die Welt mehr und mehr zu einem globalen Dorf zusammen: Menschen sind beruflich und im Urlaub viel unterwegs, leben eine Zeit lang in anderen Ländern, pflegen Kontakte über weite Räume und Grenzen hinweg, bewegen sich zwischen Kulturen, lernen fremde Lebensweisen kennen, machen sich mit anderen Religionen vertraut.

Zunehmend entsteht ein Persönlichkeitstyp, der vorgeblich überall und innerlich nirgends zu Hause ist. Vernetzung und Verantwortung lassen sich globalisieren, Zugehörigkeit und Zuständigkeit eher nicht. Darum wird oft empfohlen, man solle nicht gleich die ganze Welt retten wollen, sondern zunächst „vor der eigenen Tür kehren“. Die Sehnsucht wächst, überhaupt eine solche Tür zu haben, die immer für einen offensteht.

Geborgenheit, gebaut aus Gutem

Mein Zuhause ist da, wo ich hingehöre. Zuhause sind wir zunächst in unseren Gewohnheiten: Woran wir uns gewöhnen, darin richten wir unser Leben ein. Es gibt Menschen, die sagen: Sorgen und Befürchtungen verfolgen mich mein Leben lang. Ihnen wird die Angst zum ständigen Zuhause. Andere sehen im Leben immer nur das Schlechte. Das geht ihnen nach und lässt Schimpfen und Klagen zur festen Gewohnheit werden.

Der Beter von Psalm 23 blickt anders auf sein Leben. Er sagt: Nur Gutes und Gütiges sollen mir nachgehen. Natürlich war auch in seinem Leben nicht alles gut. Er erzählt von dunklen Tälern und Feindschaften. Doch letztlich zählt für ihn auch hier, dass er durch die dunklen Täler hindurch kommt und dass er mit seinen Feinden immerhin an einem Tisch sitzen kann. Zieht er Bilanz, dann bleibt unter dem Strich, was gütig und gut, was menschenfreundlich und liebevoll, gemeinschaftsbildend und aufbauend war. Darin übt er sich ein, davon wird er geprägt. Seine Gewohnheit wird seiner Seele mehr und mehr zum Zuhause. Im übertragenen Sinne baut Gott um ihn ein Haus aus Gutem.

Wo wir zu Hause sind, ist zudem eine Frage unserer Beziehungen. Viele Menschen haben fern ihrer ersten Heimat ein neues Zuhause gefunden bzw. aufgebaut. Denn ein Zuhause ist mehr als ein geografischer Ort. Zu Hause sind wir bei den Menschen, mit denen wir verbunden sind. Zuhause ist da, wo Menschen mir nahestehen und mich verstehen, wo ich so willkommen bin, wie ich bin - mit allen Eigenheiten und Unzulänglichkeiten.

Zuhause ist da, wo wir miteinander vertraut sind und füreinander Verantwortung übernehmen. Zuhause ist da, wo wir einander mitteilen und miteinander teilen. Eine solche Zusammengehörigkeit braucht keine Hausordnung, wie sie in Mietshäusern aushängt, um das Gemeinschaftsleben zu regeln und Aufgaben zu verteilen. Vorschriften schaffen keine Verbundenheit. Aber aus Vertrautheit entsteht Verantwortungsbewusstsein. Das gilt auch für das Zuhause bei Gott.

Erst durch die Verbindung von Gewohnheit und Geborgenheit, Vertrautheit und Verantwortlichkeit werden bestimmte Räume und Beziehungen zu einem Heim und einer Heimat. Für mich persönlich stellt sich ein Gefühl von Zuhause überall dort ein, wo Hausschuhe für mich bereitstehen. Wo ich in Pantoffeln gehe, halte ich mich häufig auf, bewege ich mich ungezwungen, darf ich so sein, wie ich bin. Psalm 23 kann mich anleiten, bei Gott einzukehren. Wird mein Gebet dann immer inniger und freier in eigenen Worten des Lobens und Dankens, Bittens und Sehnens, stehe ich gleichsam in Pantoffeln vor Gott.

Wenn wir am Ende gehen, kommen wir nach Hause

„Gotteshäuser" können in einem begrenzten Zeit-Raum die Nähe Gottes vergegenwärtigen. Sie können ein ausgewählter Ort für Offenbarungen und eine abgeschirmte Umgebung für Gebete sein, Ruheraum und Glücksplatz, Trostnische und Kummerecke. Durch ihre spirituelle Nutzung werden sie zu besonderen Orten, an denen die gewohnte Umgebung in eine andere Welt übergeht und eine Atmosphäre entsteht, die das seelische Erleben anregt. In ihnen können Sehnsüchte eine Zuflucht finden und Lobgesänge widerhallen, Visionen geträumt und Worte voller Weisheit weitergegeben werden. Und nicht zuletzt können sie uns in ehrfurchtsvolles Schweigen versetzen.

Aber auch Gotteshäuser bestanden und bestehen nicht „für die Länge aller Tage". Der Tempel in Jerusalem, den der Psalmbeter als „Haus Gottes" vor Augen hatte, ist längst nur noch eine Erinnerung aus der Vergangenheit Israels. Andere Gotteshäuser wurden im Laufe der Zeiten immer wieder in ihrer Form verändern und werden auch weiterhin umgestaltet werden. In dieser Welt ist jeder „sichere Ort" immer nur ein Zuhause auf Zeit. Letztlich braucht das Bleiben in Gott keine besonderen Bauten. Geborgenheit ist nicht an Gebäude gebunden.

Mein Zuhause bei Gott finde ich, wo immer ich in inniger Vertrautheit, gewissermaßen in meinen Pantoffeln, vor ihm stehe, und die Verbundenheit mit ihm pflege – im Beten und Schweigen, Hören und Handeln, in Mitmenschlichkeit und Anteilnahme, in heiterer Gelassenheit und fröhlicher Zuversicht.

„Und ich werde bleiben im Hause des Herrn immerdar." Diese Schlussworte (in der Übersetzung Luthers) erweisen sich in der Begleitung Sterbender und ihrer Angehörigen oft als emotionaler Höhepunkt, wenn Psalm 23 gelesen oder miteinander gebetet wird. Dann schimmern in den Augen feucht die Tränen. Außer Trauer spiegeln sie meist aber noch mehr wider: die Sehnsucht, im Sterben nicht zu vergehen, die Hoffnung, dass etwas bleibt von der eigenen Person, die zaghafte Zuversicht, auf der anderen Seite der Ewigkeit genauso in Gott geborgen zu sein wie auf dieser irdischen Seite.

Eine hochbetagte Patientin im Krankenhaus, die sich in einem schwachen aber scheinbar stabilen Zustand befand, sagte eines morgens: „Heute gehe ich nach Hause!" Im Dienstzimmer entstand daraufhin unter dem Pflegepersonal große Aufregung: „Wie kann der Arzt die alte Frau in diesem Zustand nach Hause schicken? Und die Entlassungspapiere liegen auch nicht vor." Doch die Patientin meinte nicht die Heimkehr zu ihrer Wohnadresse. Sie sprach bildhaft von ihrem Tod und starb am selben Vormittag. Ist es nicht tröstlich, wenn ein Mensch am Ende seines Lebens sagen kann: „Ich gehe nach Hause"? In einem Roman, der durch den frühen Tod des Schriftstellers Novalis unvollendet blieb, findet ein Suchender auf die doppeldeutige Frage „Wohin gehen wir?" als Antwort: „Immer nach Hause."[20]

Was bleibt?

Für die meisten Menschen in unserem Land sind die Sicherheiten, in denen wir leben, mittlerweile so selbstverständlich geworden, dass uns gar nicht mehr bewusst wird, wie wertvoll es ist, eine „Bleibe“ zu haben. Die Sehnsucht danach ist wohl bei denen am größten, die am wenigsten davon erlebt haben. Wie bei Flüchtlingen. Oder Käthes Freundin.

Käthe war eine Mittfünfzigerin mit geistiger und körperlicher Behinderung, die schon mehrere Wohnwechsel hinter sich hatte, bis sie aufgrund ihrer zunehmenden Pflegebedürftigkeit einen Platz im Seniorenheim zugewiesen bekam. Käthe lebte sich erneut im Unvertrauten und Neuen ein, aber ihr blieb nicht viel Lebenszeit vergönnt. Zu ihrer Beerdigung kam ein kleiner Kreis aus dem Behindertenclub, den sie regelmäßig besucht hatte. Als die Urne in das Grab herabgesenkt wurde, fragte ihre Freundin: „Ist Käthe jetzt bei Gott und muss nie mehr umziehen?“

Das Bleiben in Gott ist ebenso dauerhaft wie seine Treue zu uns. Darauf zu vertrauen verlängert nicht nur über den Tod hinaus die Zuversicht, in der Gemeinschaft mit Gott weiter zu bestehen statt zu vergehen, sondern spiegelt sich auch zurück in das Leben hier und jetzt: „Der Mensch, der im Bleibenden gegründet ist, kann warten, kann feiern, beten und danken.“[21]

So möchte ich gelassen leben, weil ich getrost bin, bei Gott eine ewige Bleibe zu haben. Ich vertraue auf die Verheißung, die Jesus seinen Anhängern zum Abschied gegeben hat: „In meines Vaters Haus sind viele Wohnungen“ (Johannes 14,2).

Und ich stelle mir vor, dass dort ein Paar Pantoffeln für mich bereitsteht, wenn ich diese Welt verlasse. Weiter muss ich mir das ewige „Zuhause“ gar nicht ausmalen mit goldenen Gefilden oder Engelsflügeln - denn alle Vorstellungen verblassen angesichts des vorausgreifenden Vertrauens, dass wir „allezeit bei Gott sein“ werden (1 Thessalonicher 4,17).

Vorläufig versuche ich mein Leben so zu gestalten, dass Gutes und Güte meine Gewohnheiten prägen, und in Verbindung mit Gott zu bleiben, damit er ein Haus der Geborgenheit, voller Trost und Lebensfreude, um mich bauen kann.

Meditation

Ich gebe auf, hinter Lebenszielen her zu hetzen.
Ich halte inne.
Vielleicht kann mich jetzt und hier das Gute einholen.
Wo ich das Gute, das ich erreichen will,
nicht mehr erzwinge,
widerfährt es mir am ehesten.

„Unbehaust“ ist mein Leben,
bis es ein Zuhause findet im Vertrauen.

Ich suche innerlich Orte der Vertrautheit auf –
wo ich Geborgenheit und Freiheit, Zuspruch und Trost fühle.
Wo kann ich zu Hause sein in Gewohnheiten,
die dem Guten in meinem Leben eine Bleibe geben?

Ich sehne mich danach,
in der Seelenruhe beheimatet zu sein:
Ganz am Ende gehe ich nach Hause.

Gebet

Gott, wir sind dankbar für alles, was uns ein Zuhause gibt:
Sichere Lebensumstände und Menschen, die uns verstehen.

Sei bei denen, die kein Zuhause haben,
weil sie flüchten müssen vor Kriegen und Konflikten,
weil sie obdachlos sind und auf der Straße leben,
weil sie keinen Menschen haben, der das Leben mit ihnen teilt.
Lass sie Orte und Menschen finden, wo sie geborgen sind!

Jesus, Du hast uns die Tür zum Vaterhaus geöffnet,
durch Dich dürfen wir erkennen: Wir sind willkommen.

Sei bei denen, die das Gefühl haben, nirgends „anzukommen“,
die sich aus Angst vor anderen Menschen zurückziehen,
bei denen der Haussegen durch Streit schief hängt.
Lass sie Orte und Menschen finden, wo sie willkommen sind!

Heiliger Geist, Du erfüllst das Haus Gottes
und alle, die darin eine Bleibe haben,
mit Gutem und Güte.

Sei bei denen,
die rastlos getrieben werden von Ängsten und Sorgen,
dass ihnen Gutes begegnet und sie darin zur Ruhe finden.
Sei bei denen,
die in sich selbst verschlossen sind,
dass ihnen Barmherzigkeit nachgeht und ihre Herzen öffnet.

Psalm 23,6 in hebräischer Sprache und deutscher Dichtung

Grabstein Jenni Wohlauer geb. Schlesinger (1847-1866), jüdischer Friedhof, Wrocław (Breslau)

Ein gewagtes „Nur“

Auf dem mittlerweile denkmalgepflegten jüdischen Friedhof in Wrocław (Breslau) findet sich auf dem Grabstein einer 19jährigen der letzte Vers von Psalm 23 in hebräischer Sprache und deutscher Dichtung: *Glück und Liebe nur / Zeichneten die Spur / Meiner Lebenszeit.*

Das Leben der Verstorbenen fand ein frühes Ende, das vielleicht mehr tragisch als glücklich war. Der Rückblick der Angehörigen misst das Glück dieses vergangenen Lebens aber nicht an seiner Länge, sondern zieht das Resümee, dass auch dieses kurze Leben ein erfülltes Leben war, weil das Glück mit Liebe gepaart war.

Das hinzugefügte „nur“ ist gewagt. Wurde der Psalm am Sterbebett gebetet, vielleicht von der jungen Frau selbst in ihren letzten Atemzügen? Wählten die Angehörigen das Psalmwort für den Grabstein aus? Darf man das, was man in Erinnerung behalten will, der Verstorbenen als persönliches Bekenntnis in den Mund legen? Soll das Schwere gegenüber dem Guten verblassen?

Der Psalmbeter fasst sein Leben in zwei Worten zusammen: Gutes und Güte. Er wagt das Bekenntnis, dass „nur“ diese Eigenschaften und Erfahrungen am Ende als Bilanz seines Lebens zählen. Wie jedes Leben war es wohl eine Mischung aus Schönem und Schwerem. Aber nur Gutes und Güte sollen sich in die Spur seines Lebens einzeichnen. Nur sie sollen ihm und von ihm in Erinnerung bleiben.

Frau R. lächelt

Ich mache am Nachmittag Besuche im Seniorenheim und schaue auch bei Frau R. vorbei. Sie liegt seit Monaten regungslos in ihrem Bett. Ich setze mich zu ihr, spreche sie an, berühre zur Begrüßung ihre Hand. Sie zeigt keine Reaktion, hat die Augen geschlossen. Weil sie früher in der Kirchengemeinde sehr aktiv war, erzähle ich ihr, was rund um den Kirchturm so alles passiert (soweit ich es mitbekomme). Aus dem wöchentlichen Gottesdienst im Seniorenheim bringe ich ihr einen Bibelvers, eine Liedstrophe, ein Segenswort mit. Ob etwas davon bei ihr ankommt?

Als ich Psalm 23 bete, beginnt sie plötzlich zu lächeln. Nicht nur ein kurzes reflexartiges Zucken der Mundwinkel, sondern ein breites Lächeln. Kaum habe ich die letzten Worte des Psalms gesprochen, erlischt es wieder. Ob sie sich von Psalm 23 tröstlich angesprochen fühlte und „selig" lächelte? „Und ob ich schon wanderte im finstern Tal, fürchte ich kein Unglück, denn Du bist bei mir ...". Oder war es ein „spöttisches" Lächeln, das sie früher hin und wieder zeigte, wenn sie etwas kritisierte? „Mir wird nichts mangeln" – „Gutes und Barmherzigkeit werden mir folgen mein Leben lang": Klingt das jetzt und hier vielleicht wie ein Hohn?

Nach einer Weile des Schweigens und Wartens verabschiede ich mich von Frau R. – sie reagiert wieder nicht, ihre Augen bleiben geschlossen. Gott, lass sie selig gelächelt haben, denke ich auf dem Weg nach draußen.

Dr. Rainer Fischer, Jahrgang 1962, evangelischer Pastor, promovierte 1995 in Bonn („Die Kunst des Bibellesens“), arbeitete am Ökumenischen Institut der Universität Bonn und als Gemeindepfarrer in Köln. Seit 2004 Krankenhaus-, Altenheim- und Hospizseelsorger am Evangelischen Krankenhaus Bergisch Gladbach. Engagiert sich ehrenamtlich im ambulanten Hospizdienst, ist als freier Dozent in der Erwachsenenbildung tätig.

Anmerkungen

[1] Vgl. Ezechiel 34,1-16; Psalm 78,70-72; 95,7.
[2] Artur Weiser, Die Psalmen übersetzt und erklärt 1. Teil (NTD 7), 2. vermehrte Auflage Göttingen 1939, 61.
[3] Ludwig Köhler, Psalm 23, in: ZAW 68 (1957),222ff, hier 233.
[4] W.Phillip Keller, Psalm 23 – Aus der Sicht eines Schafhirten, 24. Auflage Asslar 1996, 110.
[5] C.S.Lewis, Das Gespräch mit Gott. Gedanken zu den Psalmen, 3., erweiterte Auflage Zürich 1992, 30f.
[6] Nach: Harold S. Kushner, The Lord Is My Shepherd. Healing Wisdom Of The Twenty-third Psalm, New York 2004, 29.
[7] Vgl. a.a.O. 39f.
[8] Nach: www.livenet.ch/magazin/gesundheit_und_umwelt/115936-gebet_um_genesung_und_psalm_23_auf_rezept (30.04.2004).
[9] In: Absurdes Theater. Stücke von Ionesco, Arrabal, Tardieu, Ghelderode, Audiberti, aus dem Französischen übertragen von Serge Stauffer, München 1966,129-143.
[10] Wilhelm Gemoll, Griechisch-Deutsches Schul- und Handwörterbuch, Nachdruck 1979,360.
[11] Ernst Jenni / Claus Westermann (Hrsg.), Theologisches Handwörterbuch zum Alten Testament Bd.2, 6. Auflage Gütersloh 2004, Sp. 515.
[12] Odo Marquard, Die Philosophie der Geschichten und die Zukunft des Erzählens, in: Ders., Skepsis in der Moderne. Philosophische Studien, Stuttgart 2007, 55-71, hier 63.
[13] Vgl. Othmar Keel, Die Welt der altorientalischen Bildsymbolik und das Alte Testament. Am Beispiel der Psalmen, 4. Auflage Neukirchen-Vluyn 1984, 208f.
[14] Jörg Viktor Sandberger, Hermeneutische Aspekte der Psalmeninterpretation dargestellt an Psalm 23, in: Klaus Seybold / Erich Zenger (Hrsg.), Neue Wege der Psalmenforschung, Freiburg i.Br. / Basel / Wien 1994, 317-344, hier 318.

[15] Vgl. Hans-Joachim Kraus, Psalmen. 1. Teilband: Psalm 1-59, 6. Auflage Neukirchen-Vluyn 1989, 337.
[16] Das Folgende nach: Kushner, a.a.O. 127ff.
[17] Barbara Heller, Hingehen, wo andere weglaufen. Andachten für den Alltag in diakonischen Einrichtungen, Gütersloh 2008, 98.
[18] Paul Volz, Zur Auslegung von Psalm 23 und 121, in: NKZ 36 (1925), 576-580, hier 578.
[19] Die Übersetzung in der Wunsch- bzw. Möglichkeitsform folgt: Hans Strauß, Gott preisen heißt vor ihm leben. Exegetische Studien zum Verständnis von acht ausgewählten Psalmen Israels (Biblisch-theologische Studien Bd. 12), Neukirchen-Vluyn 1988, 80.
[20] Novalis, Heinrich von Ofterdingen. Ein Roman, Stuttgart 1987, 164.
[21] Ervin Vályi-Nagy, Was vergeht und was bleibt?, in: Zoltán Balog, Mitarbeiter des Zeitgeistes? Die Auseinandersetzung über die Zeitgemäßheit als Kriterium kirchlichen Handelns und die Kriterien theologischer Entscheidungen in der Reformierten Kirche Ungarns 1967-1992. Eine Dokumentation, hrsg. von Gerhard Sauter, Frankfurt a.M. / Berlin / Bern / New York / Paris / Wien 1997, 269-277, hier 275.

Bildnachweise

Seite 4	Schaufenster eines Candy Shop, Deal, England
Seite 10	Jungschaf, LVR-Freilichtmuseum Kommern
Seite 13	König David, Glasfenster (1950er Jahre), Liebfrauenkirche, Trier
Seite 18	Der Gute Hirte, Mosaik (1990er Jahre), Kloster Kykkos, Zypern
Seite 26	Hirtenszene, Wandfries (1679), Wilanów-Palast, Warschau
Seite 29	Mose, Typologisches Geburt-Christi-Fenster (1507), Kölner Dom
Seite 33	Punta Prima, Menorca (oben) Śniardwy (Spirdingsee), Masuren, Polen (unten)
Seite 35	Schafherde an der Dhünn, Leverkusen
Seite 39	Café Zeitlos, Herzogenrath
Seite 40	Lichtinstallation, St Pancras International Station, London
Seite 45	Signal und Lokomotive B 1220, Simpelveld, Niederlande
Seite 50	Treppenhaus im „Rundbau“, Evangelisches Krankenhaus, Bergisch Gladbach
Seite 53	Johannes und Maria, Chorfenster (um 1400), Dom, Halberstadt
Seite 59	Altarraum Gethsemanekirche, Prenzlauer Berg, Berlin
Seite 60	„Der gute Hirte“, Wandteppich von Gertrud Lützow (1960er Jahre), Evangelische Senioreneinrichtungen, Bergisch Gladbach
Seite 63	Detail aus dem „Schinken-Abendmahl“ (1500), St. Maria zur Wiese, Soest
Seite 68	Festbankett, Schloss Wernigerode
Seite 75	Modernes Antependium, Dom, Magdeburg
Seite 86	Grabstein Jenni Wohlauer geb. Schlesinger (1847-1866), jüdischer Friedhof, Wrocław (Breslau)

Alle Bilder vom Verfasser.